Hanns-J. Krause
Wasser für
unser Aquarium

Hanns-J. Krause

Wasser für unser Aquarium

untersuchen · aufbereiten

verbessern

Franckh-Kosmos

Mit 17 Farbaufnahmen des Verfassers und 12 Schwarzweißzeichnungen nach Entwürfen des Verfassers von Gudrun Böttger (8), Hans-Hermann Kropf (2; Seite 57 und 58), Werner Weiß (1; Seite 31) und aus dem Archiv.

Umschlaggestaltung von Creativ GmbH Ulrich Kolb, Leutenbach, unter Verwendung zweier Farbaufnahmen der Ludwig Dennerle GmbH.

CIP-Titelaufnahme
der Deutschen Bibliothek

Krause, Hanns-Jürgen:
Wasser für unser Aquarium : untersuchen, aufbereiten, verbessern / Hanns-J. Krause. - Stuttgart : Franckh-Kosmos, 1991
    ISBN 3-440-06212-0

Alle Angaben in diesem Buch sind sorgfältig geprüft und geben den neuesten Wissensstand bei der Veröffentlichung wieder. Da sich das Wissen aber laufend weiterentwickelt und vergrößert, muß jeder Anwender prüfen, ob die Angaben nicht durch neuere Erkenntnisse überholt sind. Dazu muß er zum Beispiel bei Behandlungsvorschlägen den Zoofachhändler konsultieren, Beipackzettel zu Chemikalien lesen, Gebrauchsanweisungen und Gesetze beachten.
Alle Angaben in diesem Buch sind mit größter Sorgfalt erstellt und geprüft. Eine Garantie oder Haftung irgendwelcher Art kann trotzdem nicht übernommen werden.

© 1991, Franckh-Kosmos Verlags-GmbH & Co., Stuttgart
Alle Rechte vorbehalten
L/H wo/atz
ISBN 3-440-06212-0
Printed in Germany / Imprimé en Allemagne
Satz: Typobauer Filmsatz GmbH, Ostfildern 3
Herstellung: Huber KG, Dießen

Wasser für unser Aquarium

Stichwortartige Zusammenfassung der Kapitel:

Der Lebensraum Wasser

Das Wasser ist der älteste Lebensraum überhaupt. Hier entstand vor über 2 Milliarden Jahren das erste, allerdings noch sehr primitive Leben. Im Laufe von mehreren Jahrmillionen entwickelten sich daraus über verschiedene Zwischenstufen die Niederen Tiere, wie zum Beispiel Korallentiere, Quallen und Würmer. Später entstanden neben anderen Tieren auch die Wirbeltiere, zu denen zum Beispiel die Fische gehören. Einige Lebewesen entwickelten sich so hoch, daß sie das Wasser verlassen konnten und an Land gingen. Doch das Lebenselixier Wasser ist für alle Lebewesen unentbehrlich geblieben! So zum Beispiel kann der Mensch zwar mehrere Wochen Hunger überstehen, doch ohne Wasser verdurstet er innerhalb von wenigen Tagen.

Viele Lebewesen sind im Wasser verblieben, und zwar Tiere wie auch Pflanzen. Für sie ist das Wasser immer noch der einzige, umfassende Lebensraum. In ihm leben sie und vermehren sich. Aus ihm nehmen sie ihre Nahrung auf und scheiden ihre Stoffwechselprodukte darin aus. In natürlichen, gesunden Gewässern kommt es dabei keineswegs zu einer schädlichen Anhäufung von Stoffwechselprodukten (Exkrementen), weil diese wiederum für viele andere Lebewesen eine Nahrung darstellen. Und so bildet die große Gemeinschaft der Tiere und Pflanzen im natürlichen Biotop eine komplizierte Nahrungskette, in der auch das Fressen und Gefressenwerden der Lebewesen untereinander eine bedeutende Rolle spielt.

Wasser ist ein ganz hervorragendes Lösungsmittel, es kann eine kaum übersehbare Vielfalt aller möglichen Stoffe enthalten. Besonders zahlreich sind die verschiedensten Salze vertreten, wobei unter einem Salz nicht nur das bekannte Kochsalz aus der Küche zu verstehen ist, sondern auch viele andere chemische Verbindungen, wie zum Beispiel Kalksalze, Soda oder Gips. Auch Säuren unterschiedlichster Art und ihre ähnlich zahlreichen Gegenspieler, die Basen, sind regelmäßig anwesend. Eine weitere, ganz wesentliche Rolle im Wasser übernehmen auch die darin gelösten Gase. So wird zum Beispiel der Sauerstoff (O_2) von fast allen Lebewesen zur Atmung benötigt, oder das Kohlendioxid (CO_2) von den Pflanzen bei der Fotosynthese. Außerdem können auch sogenannte organische Verbindungen im Wasser gelöst sein. Dies ist eine besondere Gruppe von chemischen Verbindungen, die oft einen sehr komplizierten Aufbau haben; lange Zeit war man fest davon überzeugt, daß sie niemals synthetisch, sondern nur von einem lebenden Organismus produziert werden können (daher der Name). In diese Stoffgruppe fallen z. B. Harnstoff, Eiweiße und Zuckerverbindungen.

Wegen der kaum übersehbaren Vielzahl der verschiedensten Lebewesen und gelösten Stoffe im Wasser können darin sehr komplizierte biochemische Prozesse ablaufen, für die manchmal sogar die Wissenschaftler keine überzeugende Erklärung finden. Trotzdem gelingt es erstaunlich einfach, biologisch einwandfreies Wasser für das Aquarium zu bereiten und es zu pflegen.

Wie bereite ich mein Aquarienwasser?

Woher bekomme ich Wasser für mein Aquarium? Das ist eine der ersten Fragen, mit denen ein Aquarianer konfrontiert wird. Geeignetes Quellwasser steht heute nur sehr selten zur Verfügung. Wasser aus freistehenden Teichen oder Tümpeln ist grundsätzlich nicht geeignet, weil man nicht übersehen kann, was alles an Stoffen hineingespült worden ist. Besonders gewarnt werden muß vor Gewässern, in denen Fische oder andere Tiere leben. Es besteht dringend die Gefahr, daß man sich Parasiten oder Krankheitserreger in das Aquarium einschleppt! Auch Regenwasser ist absolut ungeeignet. Und so bleibt im Normalfall nur der häusliche Wasserhahn als Quelle für das Aquarienwasser übrig.

Leitungswasser

Das Leitungswasser aus dem öffentlichen Netz ist hygienisch einwandfrei und deshalb als Trinkwasser unbedenklich verwendbar. Als Aquarienwasser aber ist es nicht immer und sofort geeignet. Folgende Punkte sollten unbedingt beachtet werden:

1. Kein Wasser aus dem Heißwasserhahn benutzen! Heißes Wasser wirkt besonders aggressiv auf das Rohrnetz und löst dort sehr leicht Metalle heraus. Besonders gefährlich ist das Kupfer aus den Heizschlangen der Heißwasseranlagen. Kupfer wirkt schon in sehr geringen Spuren giftig auf Pflanzen und läßt sie absterben. Ab etwa 0,1 mg/l ist Kupfer auch ein gefährliches Fischgift.
Außerdem kann das Heißwasser reichlich Phosphate enthalten, denn in immer mehr Häusern gibt man dem Heißwasser mit automatischen Dosiervorrichtungen Phosphate zu, um Korrosionsschäden im Rohrnetz vorzubeugen. Phosphate aber sind im Aquarium höchst unerwünscht, denn sie gelten als Verursacher lästiger Algenplagen. Im eingefahrenen Aquarium sind Phosphate ohnehin schon mehr als genügend vorhanden, weil sie ein natürlicher Bestandteil im Eiweiß des Fischfutters sind. Das künftige Aquarienwasser soll also ausschließlich aus dem Kaltwasserhahn gezapft werden!
2. Das Wasser im Leitungsnetz steht unter Druck, denn es muß ja auch in höhere Stockwerke befördert werden. Norma-

lerweise ist in jedem Wasser Luft gelöst, die sich jedoch zunächst nicht weiter bemerkbar macht. Sobald aber das Wasser aus dem Hahn läuft, entfällt der Druck, und die zuvor unsichtbar gelöste Luft perlt langsam aus. Der Vorgang ähnelt demjenigen beim Öffnen einer Sprudelwasserflasche, er verläuft aber nicht so spontan und augenfällig. Man kann ihn jedoch gut beobachten, wenn man ein Trinkglas aus dem Kaltwasserhahn füllt und einige Zeit stehen läßt: An der Wandung setzen sich feine Luftbläschen ab!

Der gleiche Vorgang passiert natürlich auch, wenn man das Leitungswasser unmittelbar in das Aquarium füllt. Es bilden sich feine Luftbläschen, die alles im Aquarium überziehen: Glasscheiben, Dekoration, Pflanzen und – was das Ärgste ist – auch die Fische und ihre feinen Kiemen. Das bekommt ihnen überhaupt nicht!

Deshalb sollte das Leitungswasser vor dem Einfüllen in das Aquarium erst einige Zeit abstehen, bis der Luftüberschuß entwichen ist. Gelegentliches Umrühren ist dabei sehr nützlich. Wer es eilig hat, kann das Wasser aus der Handbrause in möglichst weitem Bogen in die Badewanne sprühen lassen. Dabei haben die einzelnen Wassertröpfchen ausreichend Gelegenheit, um ihren Luft-

Damit der scharfe Wasserstrahl aus dem Schlauch nicht die Dekoration im Aquarium beschädigt und den Bodengrund aufwühlt, steckt man auf die Schlauchmündung einen »Brausekopf«, also z. B. einen Schutzkorb, wie man ihn am Saugschlauch eines Außenfilters verwendet.

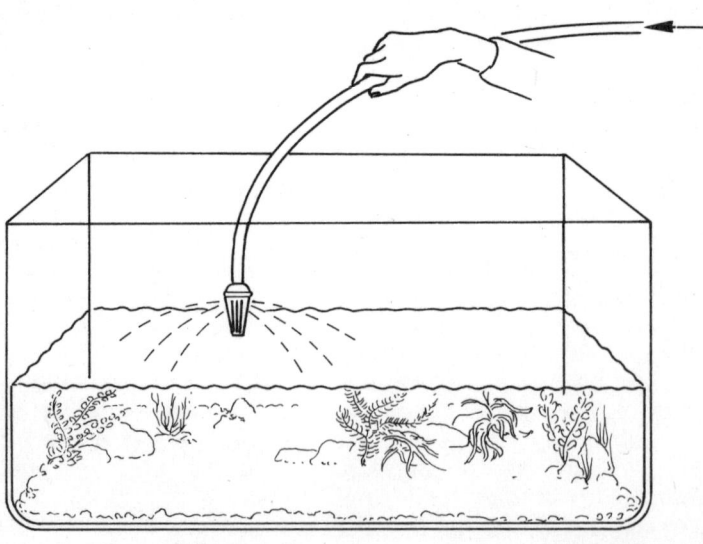

überschuß abzugeben, und der Sprudel-wassereffekt unterbleibt. Aus der Bade-wanne wird dann das Wasser eimer-weise oder mittels Schlauch und Pumpe in das Aquarium gefüllt. (Badewanne und Eimer vorher mit klarem Wasser gründlich von evtl. Putzmittelresten rei-nigen.)

3. Wenn es beim Wasserzapfen oder -versprühen deutlich nach Hallenbad riecht, dann enthält das Wasser Chlor. Dies ist ein hochwirksames Desinfek-tionsmittel, das dem Wasser zugesetzt werden darf. Bei uns ist die ständige Chlorung des Leitungswassers nicht üb-lich, im Gegensatz zu den USA. Aber ge-legentlich wird vom Wasserwerk, z.B. nach Abschluß von Reparaturen an Trinkwasserbehältern, zur Desinfektion eine »Stoßchlorung« vorgenommen. Dann kann auch mal eine »Chlorwelle« bis nach Hause zum Wasserhahn vor-dringen. In solchen Fällen wartet man am besten ein oder zwei Tage, bis wieder chlorfreies Wasser aus dem Hahn ge-zapft werden kann.

Wer nicht warten kann, mag Entchlo-rungstabletten zugeben, wie sie im Zoo-fachhandel erhältlich sind. Gebrauchs-anweisung genau beachten! Man kommt aber sehr gut auch ohne chemi-sche Zusätze aus, indem man das Was-ser langsam durch einen mit Aktivkohle gefüllten Filter laufen läßt. Das ablau-fende Wasser ist chlorfrei.

4. Frisches Leitungswasser ist für die Aquaristik wenig geeignet. Die Praxis zeigt, daß in einem frisch eingerichteten Aquarium oder nach einem umfangrei-chen Wasserwechsel leicht Krankheiten ausbrechen. Reines Wasser wirkt häufig aggressiv auf die Schleimhäute und Kie-men der Fische. Es hat sich als vorteil-haft erwiesen, dem Leitungswasser et-was organische Substanzen zuzugeben, die als sogenannte Schutzkolloide auf Schleimhäuten und Kiemen wirksam sind. Im Zoofachhandel werden dafür verschiedene bewährte Präparate als Wasseraufbereitungsmittel angeboten. Sie werden nur einmal zugegeben und zwar entsprechend der Menge an Frisch-wasser.

Das Wichtigste über

Leitungswasser:

● Nur aus dem Kaltwasserhahn zap-fen.
● Wasser abstehen lassen oder ver-sprühen.
● Nötigenfalls entchloren mit Aktiv-kohlefilter.
● »Frischwasserzusatz« (Schutzkol-loid) zugeben.

Weiches Wasser

Ein nach den bisherigen Hinweisen aus Leitungswasser bereitetes Aquarien-wasser ist für die meisten Aquarienbe-wohner bestens geeignet – besonders dann, wenn es etwa 4–12 °d Gesamt-härte und 3–10 °d Karbonathärte hat (Näheres siehe im Teil Wasserchemie »Wasserhärte«). Sehr viele Fische lassen sich darin nicht nur pflegen, sondern auch züchten. Einige Fische aber verlan-gen Wasser mit geringerer Härte, als es

Weiches Wasser

möglicherweise aus dem Wasserhahn läuft. Dann muß man die Wasserhärte senken. Das gelingt am sichersten, indem man das Leitungswasser mischt mit völlig salzfreiem Wasser. Solches Wasser ist chemisch reines H_2O und wird auch destilliertes oder demineralisiertes Wasser genannt.

Entsalztes Wasser kann man literweise für allerlei Zwecke in der Apotheke kaufen. Doch für das Aquarium werden größere Mengen gebraucht, deren Kauf dann rasch ins Geld läuft. Deshalb stellt man es sich am besten aus gewöhnlichem Leitungswasser selber her. Dabei sind zwei Verfahren gebräuchlich: die Umkehrosmose und der Ionenaustausch.

Ein Umkehrosmosegerät, auch Revers-Osmosegerät genannt, arbeitet wie ein ultrafeines Sieb. Es läßt nur reines Wasser hindurch, aber (fast) nicht die etwas größeren Salzteilchen. Das ultrafeine Sieb wird Membrane genannt und besteht aus einem besonderen Kunststoff. Das Wasser muß mit größerem Druck gegen die Membrane gepreßt werden. Deshalb werden Umkehrosmosegeräte fest an das Leitungsnetz angeschlossen, um den Wasserdruck auszunutzen. – Das hört sich sehr einfach an und verlockt zur Anschaffung, doch ein Umkehrosmosegerät ist ziemlich teuer. Außerdem hat seine Filtermembrane nur eine begrenzte Lebensdauer. Die Geräte müssen grundsätzlich im Dauerbetrieb arbeiten. Erfahrungsgemäß lohnt sich die Anschaffung eines Umkehrosmosegerätes nur dann, wenn Tag für Tag mindestens 50 Liter entsalztes Wasser gebraucht werden. Das ist aber nur der Fall, wenn man in größerem Umfang Fische züchten will.

Der Kleinverbraucher an entsalztem Wasser benutzt besser einen sogenannten Ionenaustauscher. Ionen sind elektrisch geladene Teilchen, und die im Wasser gelösten Salze liegen in Ionenform vor. Ionenaustauscher sind mit besonderen Harzkügelchen gefüllte Filter, in denen die Salzbestandteile im Wasser ausgetauscht werden gegen chemisch reines Wasser. Das gilt genaugenommen nur für die sogenannten Vollentsalzer, aber auch nur diese kommen für den gelegentlichen Kleinverbrauch in Betracht. In manchen Fällen kann man auch vorteilhaft einen sogenannten Teilentsalzer benutzen, doch dazu sind chemisches Verständnis und technisches Geschick Voraussetzung. Wer sich damit näher befassen will, sei verwiesen auf die ausführlichen Beschreibungen und genauen Rezepte in KRAUSE: »Handbuch Aquarienwasser« (erhältlich im Buch- oder Zoofachhandel).

Ionenaustauscher verschiedener Hersteller sind im Zoofachhandel erhältlich. Man wählt am besten einen Vollentsalzer, zu dem auch ein Regenerier-Service angeboten wird. Durch einen Vollentsalzer kann man zu beliebigen Zeiten beliebige Mengen an Leitungswasser durchlaufen lassen und erhält problemlos entsalztes Wasser. Ionenaustauscher arbeiten drucklos, verlangen also keine feste Installation, sondern können bei Bedarf aus der Schublade geholt werden. Nach Gebrauch müssen sie wieder dicht verschlossen werden, damit das Harz stets feucht bleibt; ausgetrocknetes Harz ist für alle Zeit verdorben.

Nach einiger Gebrauchsdauer, die abhängig ist von der Härte des benutzten Leitungswassers, ist die Kapazität des Entsalzers erschöpft. Die Kapazität wird angegeben in Härtelitern, das ist das Produkt aus Wasserhärte und lieferbarer Wassermenge. Zum Beispiel kann ein Entsalzer mit einer Kapazität von 5000 Härtelitern etwa 500 Liter Leitungswasser mit einer Gesamthärte von 10 °d entsalzen (enthärten). Den erschöpften Austauscher gibt man beim Zoofachhändler zum Regenerieren ab oder kann gegen Zahlung der Kosten im Umtausch sogleich einen wieder betriebsbereiten Vollentsalzer mitnehmen.

Grundsätzlich lassen sich geeignete Vollentsalzer auch selbst regenerieren; wer den Aufwand und den Umgang mit konzentrierten Säuren und Laugen nicht scheut, findet auch darüber genaue Angaben und Rezepte in meinem »Handbuch Aquarienwasser«.

Völlig entsalztes Wasser ist aquaristisch absolut unbrauchbar. Würde man darin Fische oder Pflanzen einsetzen, so würden ihre Körperzellen infolge der Osmose bis zum Platzen aufquellen, was letztlich den Tod des Individuums bedeutet (Näheres über Osmose unter »Leitfähigkeit« auf Seite 69). Darum muß das vollentsalzte Wasser mit so viel Leitungswasser gemischt werden, bis der gewünschte Salzgehalt oder Härtegrad erreicht ist. Die zum Mischen notwendigen Wassermengen können aus der Mischtabelle abgelesen werden.

Beim Senken der Wasserhärte kann auch Torf nützlich sein, seine Wirkung ist allerdings recht schwach. Daher ist ein Filtern über Torf nur sinnvoll bei ohnehin schon recht geringen Wasserhärten unter etwa 8 °d. Weil Torf ein Natur-

Mischtabelle

100 Liter Mischwasser mit °d	Literanteil des Leitungswassers mit °d										
	4	6	8	10	12	14	16	18	20	22	24
1	25	17	13	10	8	7	6	6	5	5	4
2	50	33	25	20	17	14	13	11	10	9	8
3	75	50	38	30	25	21	19	17	15	14	12
4	100	67	50	40	33	29	25	22	20	18	17
5	–	83	63	50	42	36	31	28	25	23	21
6	–	100	76	60	50	43	38	33	30	27	25
7	–	–	88	70	58	50	44	39	35	32	29
8	–	–	100	80	67	57	50	44	40	36	33
9	–	–	–	90	75	64	56	50	45	41	37
10	–	–	–	100	83	71	63	56	50	45	42
12	–	–	–	–	100	86	75	66	60	55	50

Beispiel: Man benötigt 100 Liter Mischwasser mit 4 °d. Hat das Leitungswasser 12 °d, mischt man 33 Liter Leitungswasser mit (100–33) = 67 Liter vollentsalztem Wasser.

produkt ist, schwanken seine Eigenschaften beträchtlich. Deshalb läßt sich nur schwer voraussagen, wieviel Torf man für ein bestimmtes Wasser zum Enthärten benötigt. Als grobe Faustregel gilt, daß 1 Liter dichtgepackter Torf bei 50 Liter Wasser die Härte um 5 °d senkt.

Torf hat außerdem die Eigenschaft, den pH-Wert zu senken. Auch hier läßt sich die pH-senkende Wirkung nicht im voraus genau angeben, zumal sie auch wesentlich von der Karbonathärte abhängt. Des weiteren hat torfgefiltertes Wasser eine dunkelbraune, teeartige Färbung, die an tropische Schwarzwässer erinnert (Näheres hierzu siehe unter »pH-Wert«, Seite 58).

Der Gebrauch von Torf hat seine Tücken, weil trockener Torf sich nur schwierig mit Wasser benetzen läßt und leicht aufschwimmt. Man muß ihn also in einen fest verschließbaren Filtertopf geben mit geeigneten Zu- und Abläufen, aus denen der Torf nicht entweichen kann, und dann längere Zeit einweichen. Am besten bindet man den Torf vorher in ein Tuch ein. Man kann das Bündel mit dem Torf auch direkt in das zu enthärtende Wasser im Aquarium stecken, muß es aber gegen Aufschwimmen sichern.

Gedüngter Torf, wie er z.B. in Gartencentern angeboten wird, darf auf keinen Fall verwendet werden; er bringt zu viele Nährstoffe in das Aquarium und könnte eine Massenvermehrung von Algen auslösen.

Nähere Einzelheiten über die Wasserhärte und ihre Begriffe, Maßeinheiten, Bestimmung usw. sind im Teil »Wasserchemie« zu finden.

Noch ein Hinweis: In der zentralen Wasserversorgung mancher Häuser sind magnetische oder elektrische »Enthärter« eingebaut. Diese verändern jedoch weder die Gesamthärte noch die Karbonathärte! Sie können lediglich die Kristallstruktur eventueller Kalkablagerungen derart beeinflussen, daß der Belag nicht so fest haftet und sich leichter abwischen läßt. Weicher wird das Wasser durch die magnetische bzw. elektrische Behandlung nicht, denn analytisch wird es nicht verändert!

Das Wichtigste über

weiches Wasser:

- Beliebig weiches Wasser erhält man durch Mischen mit vollentsalztem Wasser.
- Umkehrosmose eignet sich für Großverbraucher.
- Ionenaustauscher (Vollentsalzer) eignen sich besonders für den Kleinverbraucher.

Wie pflege ich mein Aquarienwasser?

Damit sich unsere Fische und Pflanzen im Aquarium ständig wohlfühlen und sich gegebenenfalls auch vermehren können, muß das Aquarienwasser gepflegt werden. Das ist heute kein Problem mehr, zumal inzwischen hochqualifiziertes Zubehör im Zoofachhandel erhältlich ist, von dem man vor 20 Jahren nur träumen konnte.

Wer allerdings meint, je mehr Technik und Chemie eingesetzt werden, desto sicherer stellt sich auch der Erfolg ein, der irrt gewaltig! Keine Automatik erkennt, wenn z.B. ein Fisch zu kränkeln beginnt und bei mangelnder Aufmerksamkeit vom Tode bedroht ist. Oder wenn zu viel Futter übrig bleibt. Oder wenn der Filter allmählich verstopft und nicht mehr richtig arbeitet. Oder... Auch die beste und teuerste Computersteuerung kann den Pfleger, sein Auge und vor allem sein Einfühlungsvermögen nicht ersetzen. Eine alte Bauernweisheit sagt: »Das Auge des Herrn macht das Vieh fett.« Das gilt sinngemäß auch für das Aquarium!

Die richtige Pflege des Aquarienwassers erfordert neben Einfühlungsvermögen und biologischem Verständnis, das man mit der Zeit beinahe von selbst bekommt, nicht allzuviel Aufwand. Zu den wichtigsten Stützen bei der Wasserpflege zählt natürlich ein Filter. Für die meisten Fische brauchen wir auch eine Heizung, und gut bepflanzte Aquarien kommen kaum ohne Düngung mit Kohlendioxid aus.

Alle diese wichtigen Hilfsmittel werden in den folgenden Kapiteln näher behandelt.

Filtern

Das Aquarienwasser verschmutzt im Laufe der Zeit durch die Ausscheidungen der Fische und durch Futterreste. Diese Verunreinigungen sind vor allem organische Verbindungen; also Verbindungen mit oft sehr kompliziertem Aufbau, von denen man lange Zeit glaubte, daß sie nur von lebenden Organismen produziert werden können. Hierzu zählen z.B. Vitamine, Eiweiße, Fette und Zuckerverbindungen.

Das Aquarienwasser würde sehr bald biologisch untauglich werden und die Fische darin sterben, wenn es nicht eine Reihe von nützlichen Bakterien gäbe, die – ähnlich wie die Regenwürmer in einem Komposthaufen – sich über diese organischen Verbindungen hermachen würden. Die Bakterien nehmen diese meist großmolekularen Stoffe als Nahrung auf, verwerten sie so weit wie möglich und geben sie dann, zerlegt in kleinere Moleküle, wieder ab. Diese biochemische Zerlegung erfolgt in sehr vielen Einzelstufen, dabei sind jedesmal andere Bakterienarten beteiligt, die auf die betreffende chemische Verbindung jeweils spezialisiert sind. Am Beispiel der Eiweiße seien hier die wichtigsten Schritte aufgezählt:

Filtern

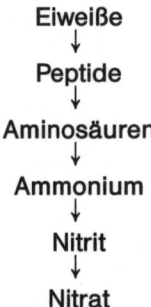

Eiweiße
↓
Peptide
↓
Aminosäuren
↓
Ammonium
↓
Nitrit
↓
Nitrat

Bei der Zerlegung organischer Verbindungen wird Sauerstoff (O_2) verbraucht. Als Endprodukte entstehen vor allem Wasser (H_2O) und Kohlendioxid (CO_2), aber auch Nitrate ($-NO_3$), Phosphate ($-PO_4$) und Sulfate ($-SO_4$). Viele dieser Stoffe können von den Aquarienpflanzen wieder verwertet werden; allerdings fallen in den meisten Aquarien mehr Nährstoffe an, als die darin eingesetzten Pflanzen verbrauchen können.

Diese äußerst wichtige Tätigkeit der Bakterien wird auch als Selbstreinigungsprozeß bezeichnet. Er läuft in jedem eingefahrenen und biologisch intakten Aquarium ab. Die Bakterien besiedeln das gesamte Aquarium, also z. B. die Glasscheiben, die Dekoration, die Pflanzen usw., und verrichten überall ihre für unser Aquarienwasser äußerst nützliche Arbeit.

Ein neu eingerichtetes Aquarium ist allerdings noch steril, ihm fehlen die zur Selbstreinigung unbedingt notwendigen Bakterien. Diese gelangen von außen mehr oder weniger zufällig in das Aquarienwasser und benötigen einige Wochen, ehe sie sich zu leistungsfähigen Kolonien vermehrt haben. Deshalb darf ein neu eingerichtetes Aquarium vorerst nur mit sehr wenigen Fischen besetzt werden, die auch nur sehr sparsam gefüttert werden dürfen. Wird das nicht beachtet, können sich in dieser »Einfahrzeit« die Schadstoffe im Aquarienwasser so stark anreichern, daß die Fische an Vergiftung eingehen.

Ist das Aquarium lange genug in Betrieb, so hat sich darin ein recht stabiles Bakterienleben entwickelt. Wenn nur relativ wenige Fische gehalten werden und genügend Pflanzen im Aquarium wachsen, so reicht die natürliche, biologische Selbstreinigung des Wassers vollstän-

Bakterien verarbeiten die anfallenden organischen Verunreinigungen zu relativ harmlosen Stoffen. Einige davon werden von den Pflanzen als Nährstoffe aufgenommen.

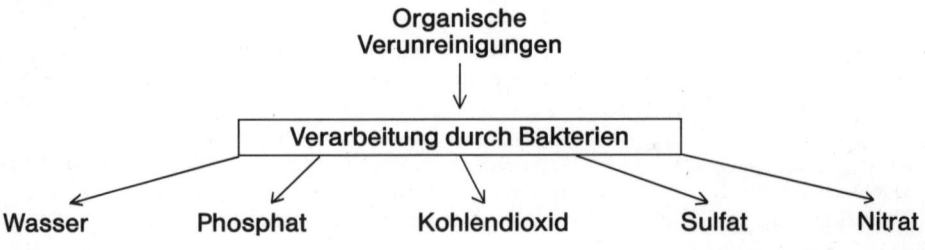

14

Filtern

dig aus. Zur Wasserpflege ist dann kein besonderer Filter erforderlich. Es genügt, wenn regelmäßig ein Teil des Wassers ausgewechselt wird. Es darf allerdings wirklich nur ein **Teil** gewechselt werden! Wer zum Beispiel den Wasserwechsel monatelang hinauszögert und dann auf einmal mehr als die Hälfte auswechselt, schadet seinen Pfleglingen sehr. Der Milieuwechsel ist viel zu schroff! Seit vielen Jahrzehnten hat sich folgendes Verfahren bewährt: Der Teilwasserwechsel wird wöchentlich durchgeführt, und dabei werden etwa 10–20 % des Aquarienwassers ausgewechselt. Dem Frischwasser wird dabei ein »Frischwasserzusatz« beigefügt, wie auf Seite 9 beschrieben.

In den meisten Aquarien aber werden viel mehr Fische gehalten, als biologisch eigentlich vertretbar ist. Und so fallen auch weit mehr Verschmutzungen (organische Verbindungen) an, als die natürliche Selbstreinigung des Aquarienwassers verkraften kann. Um das Wasser dennoch in biologisch einwandfreiem Zustand zu halten, müssen besonders leistungsfähige Bakterienkolonien kultiviert werden, z. B. in einem Aquarienfilter.

In einem Aquarienfilter laufen grundsätzlich genau dieselben biochemischen Prozesse ab wie bei der bekannten Selbstreinigung des Wassers, jedoch viel intensiver. Das durch den Filter strömende Wasser transportiert reichlich organische Verbindungen und Sauerstoff heran, so daß die Bakterien im Filter weitaus besser mit Nährstoffen versorgt werden und viel intensiver arbeiten können. Ein guter Filter mit 3 Liter Filtermaterial kann ungefähr die gleiche Abbauleistung erreichen wie die natürliche Selbstreinigung eines filterlosen 100-Liter-Aquariums.

Ein nagelneuer Filter kann seine Aufgabe noch nicht erfüllen. Denn genau so wie bei der natürlichen Selbstreinigung im Aquarium dauert es mindestens zwei bis drei Wochen, ehe sich im Filter genügend leistungsfähige Bakterienkolonien angesiedelt haben. Erst dann kann er seine volle Leistung entfalten! Bis dahin besteht ernstlich die Gefahr, daß sich die Schadstoffe im Aquarienwasser zu sehr anhäufen. Besonders gefährlich hoch steigt oft der Gehalt an Nitrit (nicht zu verwechseln mit Nitrat! Näheres im Teil »Wasserchemie«). Der Nitritgehalt muß während der ersten Wochen Einfahrzeit täglich gemessen werden; Nitrittests sind im Zoofachhandel erhältlich. Ab 0,2 bis 0,5 mg/l Nitrit muß sofort ein Teil des Wassers gewechselt werden, um den Gehalt herabzusetzen; außerdem am besten eine Woche lang überhaupt nicht füttern, um nicht so viele Verunreinigungen anfallen zu lassen. Keine Angst, die Fische verhungern während dieser Zeit nicht. Auch in der Natur gibt es manchmal wochenlang nichts zu fressen!

Es ist vorteilhaft, wenn man beim Füllen eines neuen Filters etwas gebrauchtes Material aus einem anderen, eingefahrenen Filter mitverwendet. Dadurch impft man das neue Material mit Filterbakterien, und die Einfahrzeit kann sich erheblich verkürzen.

Auch der beste Filter macht den regelmäßigen Wasserwechsel nicht überflüssig! Denn wegen der intensiven Arbeit der Filterbakterien entstehen in den meisten Fällen viel mehr Mineralstoffe, als die Wasserpflanzen verwerten können. Außerdem gibt es einige Schadstoffe im Aquarienwasser, die auch ein guter Filter nur sehr schwer abbauen kann; das Wasser würde sich also mit solchen Stoffen anreichern. Deshalb ist, auch bei Verwendung eines guten Filters, ein regelmäßiger Teilwasserwechsel von etwa 10 bis 20 % des Gesamtvolumens pro Woche sehr zu empfehlen.

Filterbauarten

Im Zoofachhandel wird eine kaum übersehbare Vielfalt von Filtern angeboten, und jedes Jahr kommen neue hinzu. Einzelne Modelle können daher hier nicht besprochen werden, sondern nur die wichtigsten Kriterien für den Kauf der Filter. Es werden die verschiedensten Filter-Bezeichnungen benutzt. Dabei taucht in der Werbung oft das Wort »Bio« oder »biologisch« auf. Das sollte nicht sonderlich beeindrucken, denn alle üblichen Aquarienfilter funktionieren nur mit Hilfe der bekannten Filterbakterien. Das heißt: Alle üblichen Filter arbeiten nach der Einlaufzeit biologisch! Je nach Bauweise lassen sich unterscheiden: Außenfilter, Innenfilter und Rieselfilter.

Außenfilter sind kompakte Filtersysteme mit eingebauter Kreiselpumpe. Sie werden neben oder unter dem Aquarium aufgestellt und das Aquarienwasser über Schläuche zu- und abgeleitet. Auf sichere Schlauchanschlüsse muß

besonders geachtet werden, damit nicht eines Tages das Aquarium leer- und das Zimmer vollläuft. Man kann die Anschlüsse zusätzlich sichern durch Schlauchschellen, wie sie im Zoofachhandel, Installationsgeschäft oder Baumarkt erhältlich sind.

Die Filter dürfen niemals höher stehen als der Wasserspiegel des Aquariums, denn eventuelle Luftblasen sammeln sich stets an der höchsten Stelle des Systems und setzen dann unter Umständen den gesamten Filterkreislauf außer Betrieb!

Außenfilter lassen sich unauffällig unterbringen, z.B. im Unterschrank des Aquariums. Dadurch können sie nahezu beliebig groß gewählt werden, und der

Oben links: Ein Diatomeenfilter kann sehr feine Teilchen aus dem Wasser entfernen. Er ist damit hervorragend geeignet zum Beseitigen von Wassertrübungen und bei der Bekämpfung von Parasiten (Seite 22).

Oben rechts: Hier ein professionelles, zweistufiges Druckminderventil; es ist nicht billig, aber es garantiert größtmögliche Sicherheit und Komfort. In der Aquarienpraxis genügen auch einstufige Druckminderventile von verläßlichen Herstellern (Seite 32).

Unten: Links ein Beispiel für ein CO_2-Diffusionsgerät; durch seine Wirbelkammer (oben) und seine Spirale (unten) erreicht es einen sehr hohen Wirkungsgrad. – Rechts unten ein Dauer-pH-Meter; der pH-Wert läßt sich auf einen Blick ablesen. Kennt man die Karbonathärte, sind sofort Rückschlüsse auf den CO_2-Gehalt möglich (Seite 33). Bei diesem Gerät hilft sogar eine Farbtafel.

CO2 richtig
pH 6,8
pH 7,1
pH 6,5
von 2°-8° dHK
pH 6
pH 7,4
DENNERLE
Dauer-Kipp-Test für pH und CO2

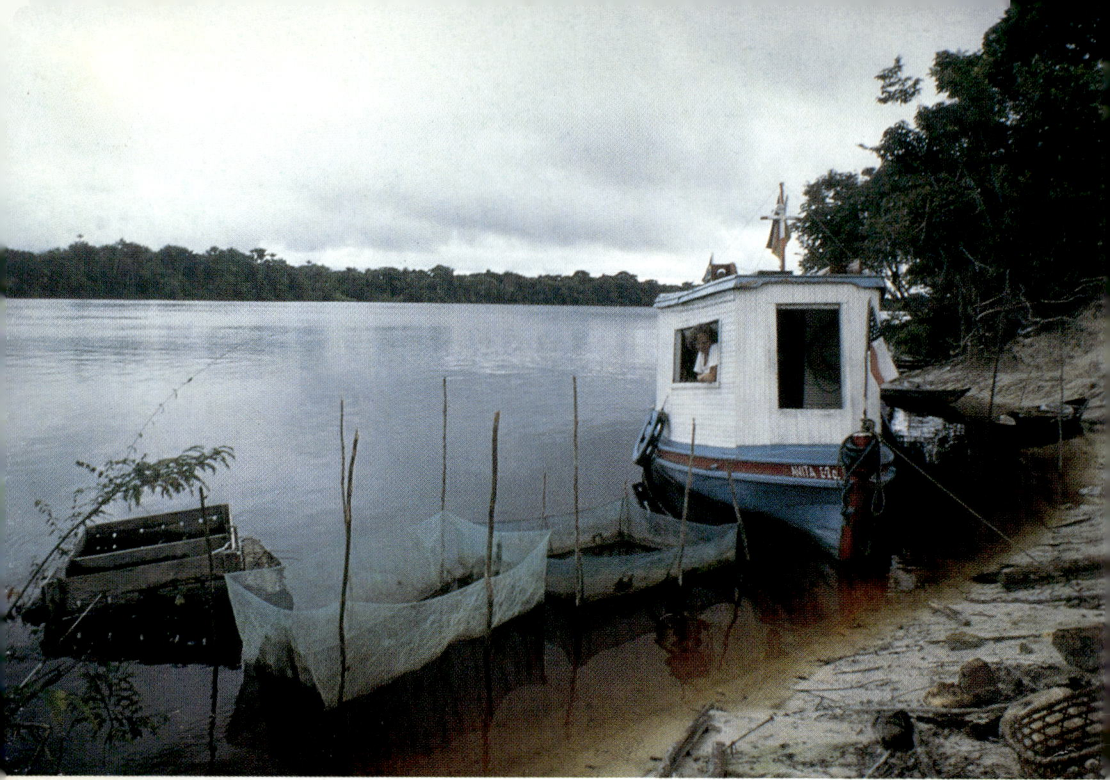

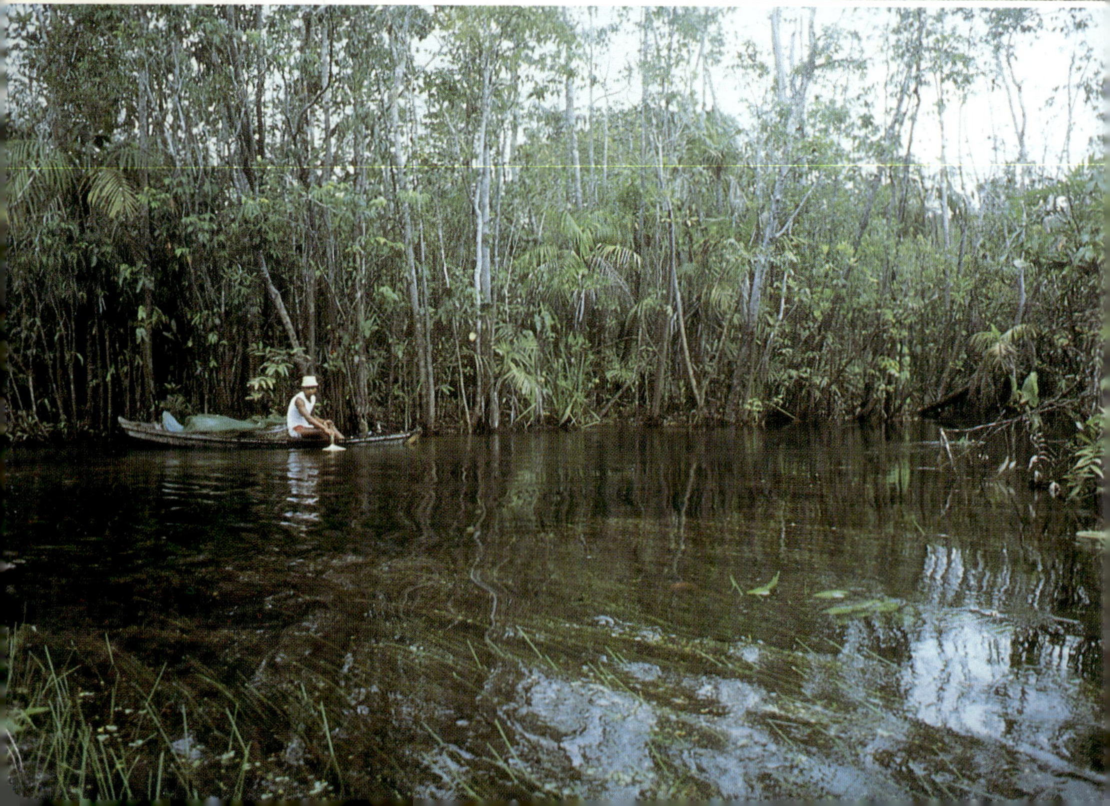

Filterbauarten

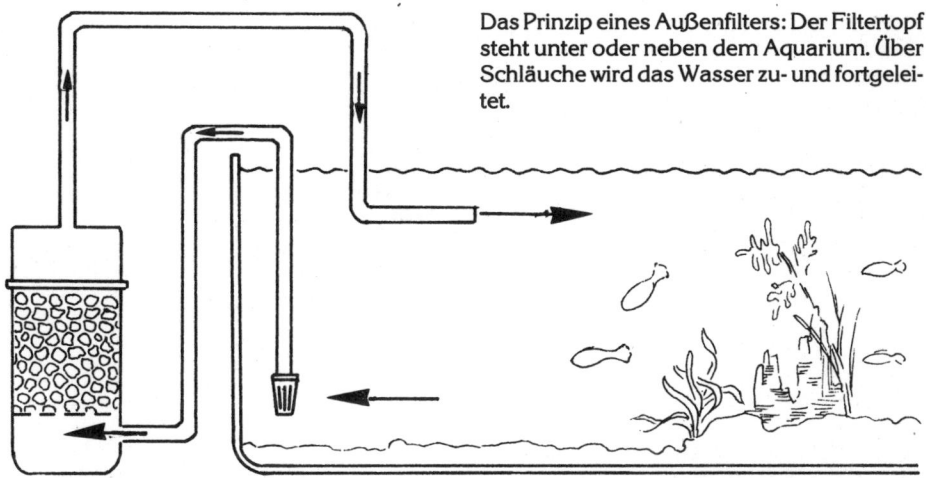

Das Prinzip eines Außenfilters: Der Filtertopf steht unter oder neben dem Aquarium. Über Schläuche wird das Wasser zu- und fortgeleitet.

Filterleistung sind kaum Grenzen gesetzt.

Die meisten Kreiselpumpen lieben es nicht, wenn der Wasserdurchlauf auf der Einlaßseite gedrosselt wird. Dabei entsteht ein Unterdruck im Wasser, die darin gelöste Luft wird herausgesogen und quirlt dann als Luftblasen im Pumpengehäuse herum. Die Laufgeräusche erinnern an eine Kaffeemühle. Die Lager der Pumpen sind grundsätzlich auf Wasserschmierung angewiesen; Luft stört die Schmierung, und es können Schäden auftreten. Und weil unnützerweise Luft im Kreis herumgewirbelt wird, fördert die Pumpe außerdem deutlich weniger Wasser. Es ist also grundsätzlich besser, wenn die Kreiselpumpe das Wasser durch den Filter drückt und nicht etwa saugt. Es schadet dabei nichts, wenn die Pumpe kein feingefiltertes Wasser bekommt; die üblichen Wassertrübstoffe sind viel zu fein, um in einer Kreiselpumpe Schaden stiften zu können. Ein Ansaugkorb als Vorfilter bietet genügend Schutz.

Oben: Ein schmaler Seitenarm des Rio Negro (Amazonien); die teeartige Farbe entsteht durch den hohen Gehalt an Huminstoffen, die zugleich den niedrigen pH-Wert verursachen. Das Wasser wird dadurch ziemlich lebensfeindlich und beherbergt kaum Fische und Pflanzen. Die Stellnetze dienen den Zierfischfängern zur Zwischenhälterung.

Unten: Indios befahren den Rio Mamolé, um Zierfische zu fangen. Hier lebt u. a. der Rote Neon. Dieses Klarwasserflüßchen läßt sich nur mit kleinen, flachen Booten befahren. Oftmals versperren umgestürzte Bäume den Weg, dann müssen die Boote darüber getragen oder durchs Geäst geschoben werden.

Filterbauarten

Ein Innenfilter kommt ohne Schläuche aus. Modelle mit wasserdichten Kreiselpumpen können auch auf den Boden gelegt oder hinter einem Stein versteckt werden.

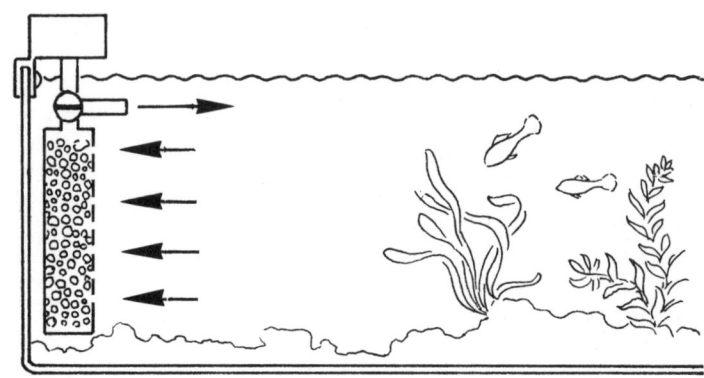

Beim Reinigen muß der Außenfilter vom Aquarium entfernt werden. Weil man dabei auch die Schläuche samt Ein- und Auslauf aus dem Aquarium holen muß, geht das nur selten ohne größere Wasserpanscherei ab. Es ist daher besser, wenn die Verbindungsschläuche nicht fest am Außenfilter angeschlossen sind, sondern über Absperrhähne und Trennkupplungen. So kann man den Filter leicht vom Aquarium trennen und zum Reinigungsplatz am Waschbecken oder in der Badewanne transportieren. Falls der Filter dieses nützliche Zubehör nicht hat, kann man ihn nachrüsten.

Einige Außenfilter haben bereits eine Heizung für das Aquarienwasser eingebaut. Hier muß man besonders auf die elektrische Sicherheit achten (sind VDE- oder GS-Zeichen vorhanden?). Denn falls der Wasserdurchlauf stockt, weil z.B. die Pumpe defekt ist oder ein loses Blatt den Zulauf verstopft, dann muß die Heizung zuverlässig abschalten, sonst besteht akute Überhitzungsgefahr!

Innenfilter werden direkt im Aquarium untergebracht und benötigen deshalb keine Zu- und Ablaufschläuche. Das ist ein Vorteil: Wasserschäden durch undichte Schlauchanschlüsse sind völlig ausgeschlossen! Leider lassen sich Innenfilter aber nur selten so im Aquarium unterbringen, daß sie nicht störend im Blickfeld sind. Deshalb kann man oft nur kleine Filter mit begrenztem Filtervolumen verwenden. Innenfilter eignen sich deshalb nur bei geringer Verschmutzung des Wassers, also vorwiegend für Aquarien mit relativ wenig Fischbesatz.

Einige Bauarten von Innenfiltern haben eine wasserdichte Pumpe und lassen sich daher vollständig untergetaucht irgendwo in der Dekoration verstecken. Andere Innenfilter haben keinen wasserdichten Motor, sie werden am Beckenrand so festgeklemmt, daß der Motor oben herausschaut und der eigentliche Filter samt Kreiselpumpe in das Wasser eintaucht. Je nach Einzelfall ist die eine oder andere Bauart unauffälliger.

Zur Reinigung müssen die meisten Innenfilter komplett aus dem Wasser herausgehoben werden. Weil sie dabei stark triefen, hält man einen Eimer bereit, in den der Filter hineingelegt und zum Reinigungsplatz transportiert wird.

Bei den bisher erwähnten Filterbauarten wird das Filtersubstrat vollständig vom Wasser umspült. Die Bakterien entnehmen den für ihre Arbeit notwendigen Sauerstoff aus dem vorbeiströmenden Wasser. Daher enthält bei diesen Filtern das ablaufende Wasser stets weniger Sauerstoff als das zulaufende.

Rieselfilter sind wesentlich anders aufgebaut, denn bei ihnen wird das Substrat nicht vollständig unter Wasser getaucht. Es wird stattdessen locker und luftig in eine prinzipiell wasserfreie Kammer eingefüllt und dann von oben mit Aquarienwasser berieselt. Das gefilterte Wasser sammelt sich am Boden der Kammer und wird von dort zum Aquarium zurückgepumpt. – Der Vorteil: Weil das Substrat allseitig von Luft umgeben ist, werden die Filterbakterien besser mit Sauerstoff versorgt und können ihre Abbauleistung steigern. Das ins Aquarium zurückfließende Wasser kann beim Rieselfilter sogar mehr Sauerstoff enthalten als das zulaufende.

Rieselfilter erfordern eine besonders kräftige Pumpe, weil der Wasserkreislauf hydrostatisch nicht geschlossen ist. Außerdem verdunsten sie viel Wasser. Das kostet Heizleistung, denn beim Verdunsten entsteht bekanntlich Kälte: Jeder Liter Wasser verschlingt beim Verdunsten etwa 720 Wattstunden Heizenergie. Außerdem muß man häufiger Wasser nachfüllen. Weil nur das reine Wasser verdunstet, nicht aber die Salze darin, steigt zwangsläufig die Wasserhärte allmählich an. Die Probleme mit

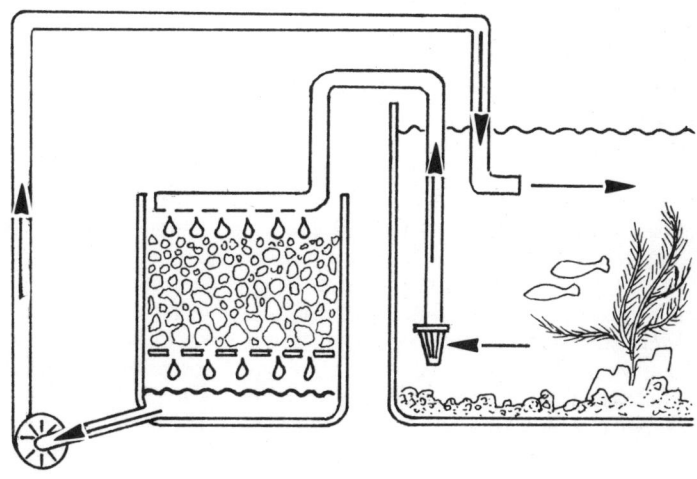

Das Prinzip eines Rieselfilters: Das Wasser rieselt frei über das luftig und locker eingefüllte Filtermaterial. Dann wird es aus dem Auffangbehälter wieder zum Aquarium zurückgepumpt.

der Verdunstung ließen sich zwar durch Abdecken der Filterkammer vermeiden, aber dann kann der Luftsauerstoff nicht mehr an das Filtersubstrat heran, und der eigentliche Sinn des Rieselfilters wird nicht mehr erfüllt!
Für Pflanzenaquarien sind Rieselfilter nicht zu empfehlen. Sie treiben das von den Pflanzen dringend benötigte Kohlendioxid (CO_2) heraus und binden, noch mehr als andere Filter, wichtige Pflanzennährstoffe (z.B. Eisen). Es müßten daher ständig Kohlendioxid und andere Nährstoffe nachgedüngt werden, und zwar in viel größeren Mengen als sonst üblich!

Diatomeenfilter sind **keine** »üblichen« Aquarienfilter. Sie beherbergen keine Bakterien und arbeiten deshalb nicht biologisch, sondern rein mechanisch. Als Filtermaterial dient sogenannte Diatomeenerde (Kieselgur); dies ist ein sehr feines Pulver, das aus den Gerüsten kleinster, längst abgestorbener Kieselalgen (Diatomeen) besteht. Die Diatomeenerde wird in dem speziell dafür konstruierten Filter angeschwemmt und bildet dort eine äußerst feinporige Filterschicht.
Ein Diatomeenfilter hält kleinste Teilchen von nur 1/100 mm »Größe« zurück. Er kann also sehr feine Trübstoffe aus dem Wasser entfernen. Ebenso lassen sich auch kleinste Fischparasiten, z.B. die Erreger der Pünktchenkrankheit (*Ichthyophthirius*), herausfiltern und so die Fische heilen.
Ein Diatomeenfilter ist kein Ersatz für einen »üblichen« Aquarienfilter, sondern er wird in Sonderfällen vorübergehend benutzt, um zum Beispiel lästige Wassertrübungen rasch zu beseitigen oder Parasiten zu bekämpfen. Bei diesen Sonderaufgaben leistet er Hervorragendes und ist durch keinen der »üblichen« Aquarienfilter ersetzbar. (Abbildung Seite 17).

Filtergröße

Wie groß muß der Filter für mein Aquarium sein? Diese Frage wird oft gestellt, aber nur selten erhält man eine richtige Antwort! Allgemeine Behauptungen wie zum Beispiel »so groß wie möglich« oder »man kann nie zuviel filtern« sind schlichtweg falsch! Eine einfache und zugleich richtige Antwort gibt es leider nicht, denn es gibt keine einfachen Tests, um die tatsächliche Belastung des Aquarienwassers oder die effektive Filterleistung zu messen.
Wird zu wenig gefiltert, so kann der Gehalt an Schadstoffen unter Umständen so hoch steigen, daß die Fische Schaden nehmen. Wird dagegen zu stark gefiltert, so kann der Pflanzenwuchs stocken, denn Aquarienfilter neigen grundsätzlich dazu, pflanzenwichtige Spurenelemente aus dem Wasser zu entfernen, wie zum Beispiel Eisen oder Mangan. Zu viel filtern ist also genauso schlecht wie zu wenig filtern! Was also tun?
In Aquarien mit nur relativ wenigen Fischen und guter Bepflanzung benötigt man überhaupt keinen Filter. Die natürliche Selbstreinigung des Wassers, die überall im Aquarium von den »Filter«bakterien durchgeführt wird, reicht hier

bei regelmäßigem Teilwasserwechsel völlig aus!

Bei durchschnittlichem Fischbesatz kann man als groben Anhalt für den Anfang (!) rechnen: 1 Liter Filtervolumen auf 100 Liter Beckenvolumen. Aber bitte, dies ist nur ein grober Anhalt! Denn die Menge der wegzufilternden Schadstoffe hängt ja nicht ab von der Größe des Aquariums, sondern von der Anzahl und Größe der Fische! Genauer gesagt: Von der Menge an Futter, die wir dem Biosystem »Aquarium« zuführen. Dabei ist es gleichgültig, ob das Futter erst nach der Verdauung durch den Fisch das Wasser belastet, oder ob es als ungefressener Überschuß im Wasser verdirbt.

Ob ein Filter richtig dimensioniert ist, läßt sich erst beurteilen, wenn sich in ihm leistungsfähige Bakterienkolonien angesiedelt haben, die die Schadstoffe zügig mineralisieren. Das ist ungefähr nach einem Monat der Fall. Einen brauchbaren Hinweis gibt der Nitritgehalt, er sollte dann 0,02–0,05 mg/l NO_2 nicht übersteigen.

Die Praxis zeigt übrigens, daß die richtige Dimensionierung von Filtern nicht sehr kritisch ist. Entsprechend der Menge an Schadstoffen im Wasser, die ja letztlich das Futter für die Filterbakterien darstellen, entwickeln sich mehr oder weniger leistungsfähige Bakterienkolonien. Ein Beispiel mag das verdeutlichen: Bei einem eingefahrenen Aquarium kommen einige neue Fische hinzu, und es wird entsprechend mehr gefüttert. Damit steigt die Belastung des Wassers an, aber gleichzeitig steigt damit auch das Futterangebot für die Filterbakterien, die sich nun vermehren. Nach einiger Zeit ist die erhöhte Belastung des Wassers wieder etwas zurückgegangen, weil der Filter inzwischen mehr leistet. Die Natur regelt sich also weitgehend selbst! Allerdings braucht sie dazu Zeit und ihre Anpassungsfähigkeit hat Grenzen.

Die Leistung eines Filters hängt nicht nur von seiner Größe ab, sondern auch von der Leistung der Pumpe. Bei hohem Wasserdurchsatz kann ein Filter mehr leisten, weil die Bakterienkolonien besser mit Nährstoffen und Sauerstoff versorgt werden. Die Arbeit der Bakterien benötigt jedoch Zeit, wie alle biologischen Prozesse. Deshalb läßt sich die Filterleistung durch kräftige Pumpen nicht beliebig steigern. Außerdem ist bei Pflanzenaquarien eine hohe Wasserumwälzung unerwünscht, weil dadurch das dringend benötigte Kohlendioxid ausgetrieben wird. Die Pumpenleistung eines Filters sollte so bemessen sein, daß stündlich ungefähr das halbe bis ganze Beckenvolumen durchläuft. Beispielsweise sollte in einem 100-l-Aquarium die Filterpumpe etwa 50–100 Liter pro Stunde leisten. Das ist ein Richtwert, je nach Besetzungsdichte des Aquariums sind Abweichungen nach oben oder unten durchaus vertretbar.

Filtersubstrate

Unter dem Filtersubstrat versteht man das Material im Filter, auf dem die Bakterien sich angesiedelt haben und ihre nützliche Tätigkeit verrichten. Das Substrat selbst nimmt grundsätzlich nicht teil am biologischen Filterprozeß. Um die Tätigkeit der Bakterien zu unterstützen, muß es zwei Eigenschaften aufweisen: eine möglichst große Oberfläche zur Besiedlung sowie chemische Neutralität.

Bewährt sind seit vielen Jahrzehnten zum Beispiel Perlonwatte, Schaumstoff und Basaltsplit. Dagegen haben sich glatte Substrate mit relativ kleiner Oberfläche, wie z.B. massive Kunststoffkörper, Keramik-Ringe, glatte Kiesel usw., vor allem bei Pflanzenaquarien als weniger geeignet erwiesen.

Perlonwatte – wie eigentlich alle Filtersubstrate – sollte grundsätzlich vor Gebrauch gewässert werden. Sie könnte unter Umständen zu Anfang noch giftige Rückstände vom Herstellungsprozeß abgeben, z.B. Phenole. Es muß auch dafür gesorgt werden, daß niemals Perlonfusseln in das Aquarium gelangen können. Manche Fische fressen die feinen Perlonfäden und gehen dann ein wegen Darmverschluß. Am besten wird als letzte Schicht im Filter Schaumstoff benutzt zum Abfangen losgeschwemmter Perlonfusseln.

Bei der Filterreinigung darf das Substrat nur in klarem, höchstens handwarmem Wasser vorsichtig ausgedrückt werden. Es schadet nichts, wenn noch Rückstände darin verbleiben und der Schaumstoff sich etwas klebrig anfühlt. Im Gegenteil! Ein völlig gereinigtes Substrat ist ziemlich steril, und der Aquarienfilter benötigt dann erneut eine längere Einfahrzeit, ehe er wieder richtig arbeitet!

In Sonderfällen kann Aktivkohle als Filtermaterial nützlich sein. Grundsätzlich können sich auch auf der Aktivkohle Filterbakterien ansiedeln, normalerweise läßt man sie aber nicht so lange im Filter, sondern benutzt sie nur kürzere Zeit. Aktivkohle wird in der Aquaristik geschätzt wegen ihrer adsorptiven Eigenschaften. Sie kann beispielsweise organische Verbindungen an sich binden und somit dem Wasser entziehen, wie etwa Farbstoffe, Pflanzenschutzmittel, Huminstoffe oder überschüssige Medikamente nach einer Krankheitsbehandlung. (**Während** einer Behandlung mit Medikamenten darf nicht über Aktivkohle gefiltert werden!)

Die Qualität von Aktivkohle ist je nach Anbieter sehr verschieden. Einige Sorten können unter Umständen fisch- und pflanzengiftige Rückstände aus dem Herstellungsprozeß abgeben. Daher unbedingt nur Aktivkohle von aquaristisch bewährten Lieferanten benutzen! Erschöpfte Aktivkohle läßt sich durch Auswaschen nicht regenerieren, sondern muß ausgetauscht werden.

Das Wichtigste über

Filtern:

- Beim Filterprozeß wird Sauerstoff verbraucht. Es entstehen u.a. Wasser und Kohlendioxid, sowie Nitrat, Phosphat und Sulfat.
- Ein Filter mit neuem Substrat (Filtermaterial) benötigt einige Wochen Einfahrzeit, ehe er richtig arbeitet. Vorsicht: Besonders auf den Nitritgehalt achten!

- Das Filtersubstrat darf nur sehr schonend gereinigt werden, sonst verlangt der Filter wieder Einfahrzeit.
- Die richtige Größe eines Filters hängt nicht ab vom Volumen des Aquariums, sondern vom Fischbesatz.
- Ein Filter macht den Wasserwechsel nicht überflüssig! Jede Woche 10–20% des Gesamtvolumens wechseln.

Heizen

In den meisten Aquarien werden Fische und Pflanzen aus den warmen Tropen gepflegt; das Wasser muß also entsprechend aufgeheizt werden. Die meisten unserer Aquarienfische verlangen Temperaturen zwischen 22 und 28 °C. – Tropische Wasserpflanzen mögen ähnliche Temperaturen; sie sind weitgehend anpassungsfähig, vertragen aber auf die Dauer meist nicht mehr als 28 °C. Mit steigender Temperatur brauchen sie mehr Licht und Nährstoffe.

Wasser ist ein ganz hervorragender Wärmespeicher. In der Natur heizt die Sonne das Wasser tagsüber nur sehr langsam auf, und in der kühleren Nacht wird die empfangene Wärme nur ganz allmählich abgegeben. Die Wassertemperatur schwankt deshalb kaum; in stehenden Gewässern lassen sich in 30 cm Wassertiefe keine Tagesschwankungen mehr feststellen. Nur wenn das Wetter z.B. eine Reihe von kühlen Tagen bringt, sinkt zögernd auch die Wassertemperatur. Aus dieser Beobachtung folgt, daß

eine Tag-Nacht-Steuerung der Temperatur im Aquarienwasser nicht erforderlich ist. Weder Fische noch Wasserpflanzen sind daran gewöhnt! Eine Temperatursteuerung entsprechend der Jahreszeit kann aber durchaus sinnvoll sein und unter Umständen sogar die Laichbereitschaft mancher Fische erhöhen.

Heizer

Heizer sind in verschiedenen Bauformen erhältlich. So gibt es beispielsweise Heizmatten als Unterlage für das komplette Aquarium, Stabheizer zum Eintauchen ins Wasser und Kabelheizer zum Eingraben in den Bodengrund. Bei manchen Aquarienfiltern ist bereits ein leistungsfähiger Heizer mit Thermostat eingebaut.

Beim Kauf von Heizern (und anderen elektrischen Geräten) achte man unbedingt darauf, daß sie ein VDE- oder GS-Zeichen tragen. Damit wird nachgewiesen, daß das Gerät bei unabhängigen Fachleuten die Sicherheitsprüfung bestanden hat.

Heizmatten werden unter das Aquarium gelegt. Die Heizmatte muß »satt« am Boden des Aquariums anliegen, um eine gleichmäßige Wärmeabgabe sicherzustellen. Deshalb wird ganz zuunterst eine Styroporplatte in Aquariengröße gelegt. Diese gleicht außerdem Unebenheiten aus und verhindert, daß Wärme nach unten verlorengeht. Styroporplatten gibt es im Zoofachhandel oder Baumarkt. Sie lassen sich mit einer ganz scharfen, schräg angesetzten Rasierklinge sauber auf das gewünschte Maß schneiden.

Heizmatten haben den Vorteil, daß sie versteckt untergebracht sind und ihr Anblick nicht im Aquarium stören kann. Außerdem gelangt auch bei ungünstigen Defekten kein elektrischer Strom ins Aquarienwasser! Manchmal leuchtet ein in das Wasser eingetauchter Spannungsprüfer warnend auf, weil winzigste, kaum meßbare Ströme übertragen werden durch den »Kondensator« Heizmatte-Glasboden-Wasser, doch besteht in diesem Fall keinerlei Gefahr. Es ist ein absolut harmloser Effekt.

Beim Kauf achte man unbedingt auf erprobte Qualitäten von renommierten Herstellern, denn manchmal werden Heizmatten mit zu hoher »spezifischer« Heizleistung (Watt pro cm^2 Fläche) angeboten. Dabei besteht die Gefahr, daß unerwartet die Bodenscheibe des Aquariums platzt. Die Hersteller solcher Heizmatten lehnen erfahrungsgemäß jegliche Haftung ab; sie behaupten dann z.B., die Ursache seien innere Spannungen der Bodenscheibe des Aquariums gewesen. Niemand kann hinterher das Gegenteil beweisen!

Stabheizer erfreuen sich schon seit vielen Jahrzehnten großer Beliebtheit; sie sind preisgünstig und gut abgestuft in Leistungen von etwa 10 bis 500 Watt erhältlich. Sie lassen sich leicht installieren, beispielsweise mit Plastiksaugern an der Scheibe. Stabheizer sind in der Regel wasserdicht gebaut und können dann möglichst tief und waagerecht im Wasser montiert werden; das fördert die Wärmeverteilung im Aquarium. Stab-

Ganz zuunterst liegt eine Styroporplatte. Auf diese wird die Heizmatte gelegt und schließlich das Aquarium daraufgestellt.

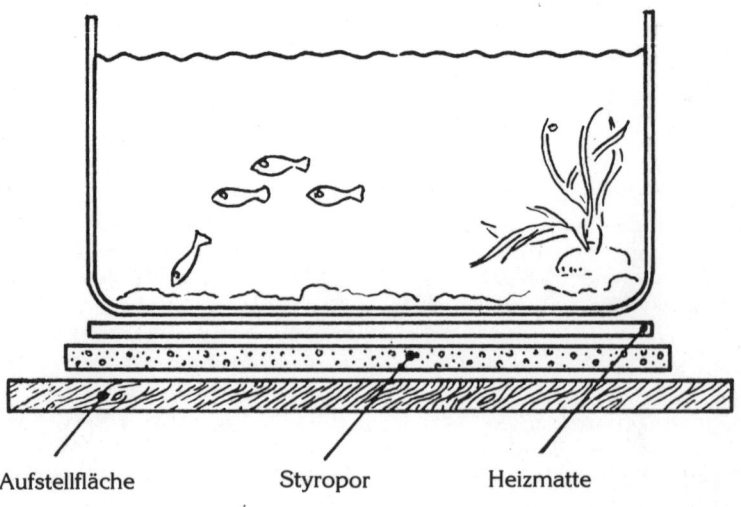

Aufstellfläche   Styropor   Heizmatte

Thermostat

heizer müssen von allen Seiten frei von Hindernissen stets vom Wasser umspült werden; sie dürfen nicht in den Bodengrund eingegraben werden, weil sie sonst überhitzen.
Die Außenhülle der meisten Stabheizer besteht aus Glas. Trotzdem sind moderne Markenfabrikate keineswegs zerbrechlich, sondern überaus robust und betriebssicher. Wenn sie das VDE- oder GS-Zeichen tragen, überstehen sie sogar Trockenlauf und anschließendes Abschrecken in kaltem Wasser! Das kann unbeabsichtigt beim Wasserwechsel passieren, wenn man vergißt, vorher den Heizer abzuschalten.

Kabelheizer werden schon beim Einrichten des Aquariums auf der Bodenscheibe im Zick-Zack ausgelegt und nötigenfalls mit Plastiksaugern fixiert. Erst dann wird der Bodengrund aufgeschichtet. Kabelheizer kann man auch nachträglich installieren, allerdings gerät dabei die Dekoration etwas durcheinander, und der aufgewühlte Bodengrund trübt vorübergehend das Wasser.
Kabelheizer sind je nach Heizleistung etwa 1,5 bis 10 m lang (ohne das kühl bleibende Anschlußkabel). Aus Sicherheitsgründen unbedingt Kleinspannungs-Kabelheizer mit Sicherheitstransformator benutzen! Sie kosten zwar mehr, aber Wasser und elektrischer Strom sind halt eine besonders gefährliche Mischung.
Erfahrene Aquarianer wissen, daß ein warmer Bodengrund den Pflanzenwuchs anregen kann. Allerdings darf die Heizleistung im Boden nur sehr gering sein, weil sonst der Wasseraustausch zu

intensiv wird und dadurch zu viel Sauerstoff in den Boden gelangt. Das würde den Pflanzenwuchs behindern, denn Pflanzen verlangen ein relativ sauerstoffarmes Bodenmilieu.
Wer auf guten Pflanzenwuchs besonderen Wert legt, sollte deshalb die Hauptheizung für das Aquarium direkt im freien Wasserraum installieren, also z.B. einen Stabheizer, und zur Wuchsanregung außerdem im Boden einen schwachen (!) Kabelheizer verlegen. Seine Leistung soll z.B. bei einem 100-Liter-Aquarium etwa vier Watt nicht übersteigen; jedes Mehr kann eher schaden als nützen. Höhere Leistungen sollten nur dann installiert werden, wenn das Heizkabel nur zeitweise eingeschaltet wird, zum Beispiel durch einen Thermostaten oder eine Schaltuhr.

Thermostat

Ein Thermostat prüft ständig die Wassertemperatur und schaltet den Heizer nur bedarfsweise ein, um die voreingestellte Temperatur konstant zu halten. Viele Stabheizer enthalten bereits einen Thermostaten.
Thermostate haben meist einen getrennten Temperaturfühler. Dieser muß unter Wasser ganz sicher befestigt werden. Am besten bindet man ihn mit einem Nylonfaden an einem Stein fest. Plastiksauger sind riskant, sie könnten sich lösen und der Temperaturfühler aus dem Wasser herausrutschen. Die Folge: Der Fühler mißt nicht mehr die Temperatur im Aquarienwasser, sondern die kältere Luft, also schaltet er auf

Dauerheizen. Da kann die Temperatur gefährlich hoch ansteigen!

Neben den einfachen und preiswerten Bimetall-Thermostaten, die sich seit Jahrzehnten in der Aquaristik bewährt haben, werden zunehmend elektronische Thermostate angeboten. Letztere lassen sich leichter einstellen und schalten genauer. Allerdings sind sie auch ganz wesentlich teurer!

Speziell für Pflanzenaquarien (die natürlich zugleich Fischparadiese sind) ist ein sehr komfortabler Thermostat »Duomat« erhältlich. Er hat zwei getrennte Schaltkreise, und zwar einen für die Bodenheizung und einen für die Wasserheizung. Die Bodenheizung hat stets Vorrang, wird also bei Heizbedarf zuerst eingeschaltet, um ein besonders pflanzenfreundliches Milieu zu schaffen. Erst wenn die Bodenheizung den Wärmebedarf des Aquariums nicht mehr decken kann, wird die Wasserheizung dazugeschaltet. Hat das Aquarium seine Solltemperatur erreicht, schaltet die Wasserheizung ab, während die pflanzenfreundliche Bodenheizung weiterläuft. Nur falls es, z.B. im Sommer, zu warm werden sollte, wird auch die Bodenheizung abgeschaltet.

Die Einstellskalen an den Thermostaten sind oft recht ungenau, deshalb gehört zu jeder Aquarienheizanlage unbedingt ein gutes Thermometer! Die seit altersher benutzten gläsernen Thermometer mit Flüssigkeitssäule sind immer noch die verläßlichsten. Gelegentlich weicht mal eines ab um 1 °C oder mehr, deshalb sucht man sich beim Kauf eines heraus, dessen Anzeige mit den meisten übrigen übereinstimmt.

Jeder Thermostat schaltet bei einer niedrigeren Temperatur ein und bei einer höheren aus; also z.B. bei 24,5 °C ein und bei 25,0 °C aus. Diese Differenz ist technisch unbedingt erforderlich und wird »Hysteresis« genannt. Man könnte vermuten, daß die Wassertemperatur um die gleiche Differenz schwanken müßte. Die Praxis zeigt jedoch, daß die Wassertemperatur viel weniger schwankt, als die Hysteresis erwarten läßt, und zwar um so weniger, je näher der Thermostat an der Wärmequelle sitzt. Die Ursache liegt in der außergewöhnlich hohen Wärmeträgheit des Wassers. Folglich ist die Größe der Hysteresis ohne wesentliche Bedeutung für die Aquarienpraxis!

Manche Anbieter nennen die Hysteresis fälschlich »Schaltgenauigkeit«. Damit wird der Eindruck erweckt, daß das Wasser die an der Skala eingestellte Temperatur mit dieser »Schaltgenauigkeit« (von z.B. 0,5 °C) erreicht. Aber das muß keineswegs der Fall sein! Ein gutes Thermometer ist in jedem Fall unerläßlich, denn Skalengenauigkeit und Hysteresis sind zwei verschiedene Dinge!

Heizerleistung

Je höher die elektrische Leistung des Heizers ist, desto höher kann die Temperatur im Aquarienwasser über die Raumtemperatur ansteigen (sofern kein Thermostat sie begrenzt). Die effektive Heizwirkung kann nicht mit einfachen Faustformeln errechnet werden, wie z.B. ⅓ Watt pro Beckenliter. Solche Formeln vergessen z.B., daß ein doppelt so gro-

Heizerleistung

ßes Aquarium nicht die doppelte Heizleistung verlangt, sondern nur rund 60 % mehr! Der Wärmebedarf eines Aquariums hängt nämlich ab von seiner wärmeabgebenden Außenfläche, und diese wächst keineswegs linear mit dem Beckeninhalt!

Die folgende Tabelle entstand durch Messungen und gibt an, welche Heizleistung ein Stabheizer ungefähr haben muß, um das Wasser auf die gewünschte Temperatur aufzuheizen. Die Tabelle gilt für zugluftfrei aufgestellte Aquarien mit Abdeckung. Offene Aquarien brauchen etwa die doppelte Heizleistung; sie verdunsten sehr viel Wasser und verbrauchen dabei für jeden Liter rund 720 Wattstunden an Energie! –

Nicht berücksichtigt werden konnte die Heizwirkung der Beleuchtung, weil deren Lampenleistung und Wärmeabfuhr sehr verschieden sein können.

Wird ein Thermostat benutzt, kann (und sollte) der Heizer stärker sein, weil der Temperaturanstieg begrenzt wird. Trotzdem darf die Heizerleistung nicht unmäßig hoch sein, denn falls der Thermostat einmal versagt, könnte der Heizer ständig eingeschaltet bleiben und die Fische »gekocht« werden. Der Heizer darf nur so stark sein, daß das Wasser niemals über etwa 30 °C erwärmt werden kann! Nehmen wir das Beispiel in der Heizertabelle, so wäre ein Aufheizen um 10 °C noch zulässig; also sollte der Heizer hier nicht stärker als 83 Watt sein.

Heizertabelle nach KRAUSE

Beckengröße in Litern	Aufheizung des Aquarienwassers gegenüber der Raumtemperatur									
	1	2	3	4	5	6	7	8	10	12 °C
10	1	3	4	5	7	8	10	11	14	17
20	2	4	6	9	11	13	15	17	22	26
40	3	7	10	14	17	20	24	28	35	42
60	4	9	13	18	22	27	31	36	45	54
80	5	11	16	22	27	33	38	43	54	65
100	6	13	19	25	31	38	44	50	63	76
120	7	14	21	28	36	43	50	57	70	85
150	8	15	25	33	41	50	57	66	83	98
200	10	20	30	40	50	60	70	80	100	120
250	12	23	35	46	58	70	80	93	115	140
400	16	32	48	63	80	95	110	130	160	190
600	20	40	62	83	104	124	145	166	200	250
800	25	50	76	100	126	151	176	200	250	300
1000	30	60	88	117	146	175	205	235	290	350

Beispiel: Beckengröße 150 l, Raumtemperatur 20 °C, gewünschte Wassertemp. 25 °C, also Differenz 5 °C. Laut Tabelle werden 41 Watt benötigt, gewählt wird ein handelsüblicher Heizer mit 50 Watt.

Kohlendioxid-Düngung

Das Wichtigste über

Heizen:

● Bei Heizmatten weiche (Styropor-) Unterlage benutzen.
● Stabheizer niemals in den Bodengrund eingraben.
● In Pflanzenaquarien nur schwache Bodenheizer benutzen, bei Bedarf zusätzlichen Heizer im Wasser verwenden.
● Heizer auch bei Thermostatregelung nur so stark wählen, daß 30 °C im Wasser niemals überschritten werden können.
● Die Skalen an Thermostaten sind oft ungenau, deshalb die Wassertemperatur stets mit einem Thermometer kontrollieren.

Düngen mit Kohlendioxid

Alle grünen Pflanzen können mit Hilfe des Lichtes als Energiequelle und einer Reihe von Nährstoffen neue Substanz aufbauen. Diesen Prozeß nennt man Fotosynthese. Der dabei am meisten benötigte Nährstoff ist der Kohlenstoff (C). Die meisten Pflanzen nehmen ihn am liebsten in Gasform auf als Kohlendioxid (CO_2).

Wie die Summenformel zeigt, wird bei der Fotosynthese unter anderem Zucker gewonnen. Das ist ein sehr energiereicher Grundbaustein, der in der Pflanze überall hintransportiert werden kann und z.B. beim Aufbau neuer Triebe, Blätter, Früchte usw. verwendet wird. Gleichzeitig entstehen erhebliche Mengen an Sauerstoff (O_2). Sein Überschuß wird von der Pflanze an die Umwelt abgegeben. Die Fotosynthese hat eine fundamentale Bedeutung, denn den dabei produzierten Sauerstoff benötigen wir Menschen und die gesamte Tierwelt der Erde!

Auch die Wasserpflanzen im Aquarium fotosynthetisieren und produzieren Sauerstoff, der den Fischen im Aquarium zugute kommt. Oft stockt allerdings bei den Aquarienpflanzen die Fotosynthese, weil es im Aquarienwasser an Kohlendioxid mangelt. Zwar atmen die Fische Kohlendioxid aus, und auch bei anderen Prozessen im Aquarium wird etwas CO_2 freigesetzt, aber das reicht nur in den wenigsten Fällen aus! Und deshalb leiden die Wasserpflanzen sehr häufig unter CO_2-Mangel. Abhilfe ist nur möglich durch eine ausreichende Düngung des Aquarienwassers mit Kohlendioxid (CO_2).

Als einfachste Lösung könnte man an das Zugießen von Sprudelwasser denken, das ja reichlich Kohlendioxid ent-

Fotosynthese

$$6\,CO_2 \quad + \quad 6\,H_2O \quad + \quad \text{Energie} \quad \rightarrow \quad C_6H_{12}O_6 \quad + \quad 6\,O_2$$

| Kohlen-dioxid | Wasser | Licht | | Zucker | Sauer-stoff |

Kohlendioxid-Düngung

Das Kohlendioxid ist der wichtigste Pflanzennährstoff überhaupt, denn die pflanzliche Trockensubstanz besteht zu rund 47% aus Kohlenstoff.

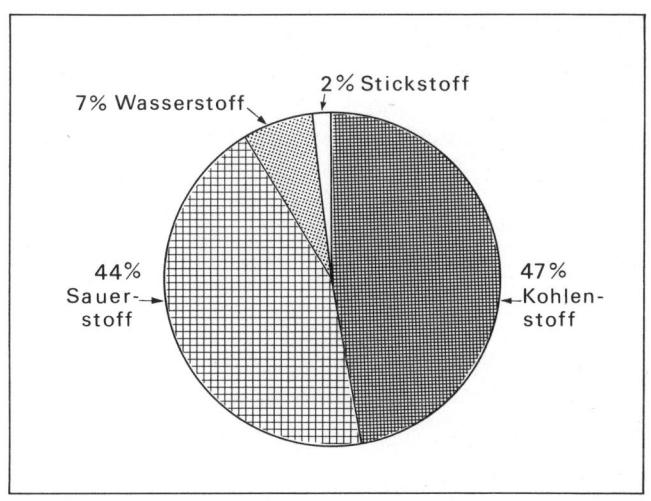

7% Wasserstoff

2% Stickstoff

44% Sauerstoff

47% Kohlenstoff

hält. Doch auf die Dauer wird dabei das Aquarienwasser entschieden zu stark angereichert mit Mineralsalzen; deshalb scheidet das Sprudelwasserverfahren völlig aus! Der Zoofachhandel bietet aquaristisch geeignete CO_2-Düngegeräte an. Die für die richtige Auswahl notwendigen Kenntnisse geben die folgenden Abschnitte.

Die Geräte

Sehr einfache Geräte der untersten Preisklasse haben einen CO_2-Vorratsbehälter ähnlich einer Sprühdose; er enthält nur 1 bis 2 Gramm CO_2 und ist deshalb schon sehr bald leer. Andere einfache Geräte benutzen auswechselbare CO_2-Druckkapseln, wie sie z.B. vom Heimsyphon bekannt sind. Diese Kapseln enthalten 8 Gramm oder mehr Koh-

lendioxid, damit kann man ein kleines Aquarium schon längere Zeit betreiben. Die meisten dieser einfachen Geräte erfordern regelmäßige Bedienung, d.h. man muß entsprechend dem CO_2-Verbrauch im Aquarium das Diffusionsgerät alle ein bis zwei Tage wieder aus dem Vorratsbehälter auffüllen. Bei längerer Abwesenheit (Urlaub) versagen sie. Mit CO_2-Düngegeräten dieser Art können nur kleine Aquarien einigermaßen versorgt werden; auf die Dauer befriedigen sie nur selten.

Preiswert sind kleine Geräte, die das Kohlendioxid biologisch gewinnen aus einem speziell gesteuerten Gärungsprozeß. Solche »Bio-Kohlensäure-Geräte« können z.B. ein 100-Liter-Aquarium drei bis vier Wochen lang wartungsfrei mit Kohlendioxid düngen.

Wer den Vorteil einer Düngung mit Kohlendioxid erkannt hat und sein Aqua-

Kohlendioxid-Düngung

rium bequem und so gut wie wartungsfrei mit CO_2 versorgen will, muß wesentlich tiefer in die Tasche greifen und eine CO_2-Düngeanlage kaufen. Sie besteht aus CO_2-Druckgasflasche, Druckminderventil und Diffusionsgerät.

CO_2-Druckgasflaschen, CO_2-Flaschen genannt, dienen als Vorratsbehälter für das Kohlendioxid. Es ist darin unter sehr hohem Druck von etwa 60 bar gespeichert. Das ist rund 30mal höher als in einem Autoreifen! Grund genug, daß der TÜV sein wachsames Auge darauf hält und die Flaschen alle 10 Jahre auf ihre Druckfestigkeit prüft. Das macht nicht der bekannte Auto-TÜV, sondern eine andere Prüfstelle (im Zoofachgeschäft fragen). Beim Flaschenkauf auf den eingeschlagenen Prüfstempel mit Verfalldatum achten!
CO_2-Flaschen sind in Größen zwischen etwa 300 g und 10 kg Inhalt erhältlich. Je größer die Flasche, desto weniger kostet das Gramm CO_2, doch sind große CO_2-Flaschen recht schwer und unhandlich. Eine gefüllte 1-kg-Flasche wiegt z. B. etwa 5 kg!
Bei der Wahl der Flaschengröße kann man zugrunde legen, daß ein durchschnittlich bepflanztes 100-Liter-Aquarium pro Tag ungefähr 1 Gramm CO_2 benötigt. Daraus ergeben sich die Werte der obigen Tabelle.
Ist die CO_2-Flasche eines Tages leer, muß sie umgehend vom Aquarium getrennt oder zumindest das Schraubventil geschlossen werden; denn Wasser saugt so gierig alle CO_2-Reste auf, daß es durch die Düngeanlage hindurch rückwärts in die Flasche hineinfließen

Betriebsdauer in Monaten (1 g CO_2 täglich je 100 Liter Wasser)					
Größe der CO_2-Flasche	Aquariengröße in Liter				
	80	100	150	200	500
300 g	13	10	7	5	2
500 g	21	17	11	8	3
1000 g	42	33	22	15	6
1500 g	63	50	33	25	10

Beispiel: Eine 1000 g CO_2-Flasche würde bei einem 100-l-Aquarium etwa 33 Monate, also 2 3/4 Jahre halten.

will! Leere Flaschen werden, sofern der TÜV-Stempel noch gültig ist, von autorisierten Händlern wieder gefüllt.
Gefüllte CO_2-Flaschen dürfen weder neben der Heizung gelagert werden noch in der Sonne stehen, denn bei Temperaturen über 30 °C steigt der Druck in der Flasche ganz rapide an. Er kann leicht so hoch steigen, daß die Sicherung (Berstscheibe) anspricht und sich die Flasche unter lautem Zischen vollständig entleert. Das ist nicht weiter gefährlich, sofern die Belüftung ausreicht und der CO_2-Gehalt im Raum nicht zu sehr ansteigt, doch die Flasche muß erst in eine Fachwerkstatt zur Reparatur, bevor sie wieder gefüllt werden kann.

Druckminderventile sind für einen sicheren Betrieb der CO_2-Anlage unbedingt notwendig! Der hohe Druck in der Flasche muß auf handliche Werte herabgesetzt werden, um das CO_2 wohldosiert entnehmen zu können. Druckminderventile werden direkt an die CO_2-Flasche angeschraubt, und an ihrem Ausgang kann das CO_2 mit einem Druck

Kohlendioxid-Düngung

von nur etwa 1 bar oder niedriger entnommen werden. So läßt sich das Kohlendioxid leicht und bequem handhaben.

Gute Druckminderventile sind nicht billig. Als Ersatz werden auch gerne die billigeren Nadelventile angeboten, doch arbeiten sie fast alle unzuverlässig; so z. B. ändern viele ihre CO_2-Abgabe, sobald die Temperatur im Zimmer ein wenig schwankt. Zur Feinregulierung hinter (!) dem Druckminderer kann ein kleines Nadelventil sehr nützlich sein, aber nur dort!

Komfortable Druckminderventile haben zwei Druckmesser (Manometer). Diese zeigen die Drücke in der Flasche und hinter dem Ventil an (Abbildung auf Seite 17). Das ist recht nützlich, doch wundere man sich nicht, wenn als Flaschendruck unentwegt 60 bar angezeigt werden, und zwar auch dann, wenn die Flasche schon halb leer ist. Das ist normal, denn in der vollen Flasche ist das CO_2 flüssig und verdampft allmählich je nach Entnahme; erst wenn nur noch rund 10 % der CO_2-Menge vorhanden sind, verschwinden auch die flüssigen Reste, und der Druck beginnt langsam zu sinken. Das ist wie beim Butangas-Feuerzeug!

Diffusionsgeräte mischen das Kohlendioxid dem Aquarienwasser bei. Der Zoofachhandel bietet viele sehr unterschiedliche Geräte an. Ein Beispiel zeigt das Bild auf Seite 17.

Weil sich das Kohlendioxid im Wasser sehr leicht und schnell löst, ist der Wirkungsgrad der meisten Geräte recht gut. Man lasse sich nicht täuschen: Wenn man bei einigen Geräten die zugeführten Bläschen noch längere Zeit sieht, so sind das keineswegs mehr konzentrierte CO_2-Bläschen! Denn genau so, wie das CO_2 aus den Bläschen heraus in das Wasser diffundiert, so diffundieren auch umgekehrt Gase aus dem Wasser in das Bläschen hinein. Also z. B. Stickstoff und Sauerstoff. Folglich lösen sich die Bläschen keineswegs in nichts auf, sondern es bleiben Reste in Form von »Fremdgasen« zurück. Diese Tatsache läßt sich durch genaue Gasmessungen leicht nachweisen.

Bei schlecht konstruierten Diffusionsgeräten können diese Fremdgase zu Verstopfungen führen und damit das Gerät rasch außer Betrieb setzen. Gute Diffusionsgeräte sammeln keine Fremdgase an, die zu Verstopfungen führen könnten, sondern sie entlüften sich selbsttätig und sind damit wartungsfrei!

Silikonschlauch darf keinesfalls benutzt werden! Er ist zwar angenehm schmiegsam, hat aber untragbar große Verluste, weil das CO_2 sehr leicht durch die Silikonwand ins Freie diffundiert! Geeignet ist z.B. PVC-Schlauch, er hat nur geringe CO_2-Verluste. Keine meßbaren Verluste haben PVC-Rohr sowie der leider etwas störrisch harte CO-PROOF-Schlauch (Zoofachhandel).

PVC-Rohr kann man nach Erwärmen leicht biegen, z.B. über der Kerzenflamme; man steckt vorher eine möglichst dicke Schnur hinein, damit das Rohr beim Biegen nicht zusammenknickt. Wer diese Arbeit scheut, kann beim Verlegen seiner CO_2-Anlage auf den geraden Strecken PVC-Rohr verwenden und die einzelnen Teilstücke mit kurzen PVC-Schlauchstücken verbinden.

Blasenzähler sind ein sehr nützliches Zubehör. Sie zeigen die durchfließende CO_2-Menge an. Zweckmäßig werden sie unmittelbar hinter dem Druckminderer eingefügt, sie zeigen dann den gesamten CO_2-Verbrauch an, einschließlich eventueller Leckverluste in den nachfolgenden Anlageteilen!

Leckverluste können erhebliche Kosten verursachen. Deshalb muß die CO_2-An-

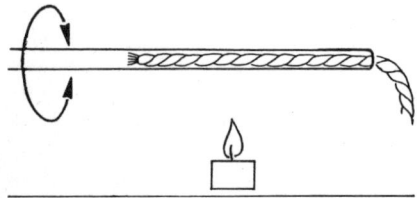

Oben: In Aquarien mit üppigem Pflanzenwuchs ist der Sauerstoffgehalt meist überraschend niedrig: Das linke Aquarium beeindruckt durch seinen farbenprächtigen Pflanzenwuchs; hier wurden mittags 3,3 mg/l Sauerstoff gemessen. Das rechte Aquarium hat über 22 mg/l, es ist total veralgt (Seite 61).

Unten: Links ein Leitfähigkeitsmeßgerät, das auch die Wassertemperatur mißt und das Meßergebnis entsprechend korrigiert. Rechts ein elektrisches pH-Meßgerät, dessen Digitalanzeige sehr genaue Ablesungen ermöglicht; der pH-Wert sollte jedoch nur auf eine (!) Stelle hinter dem Komma gerundet abgelesen und notiert werden (Seite 68).

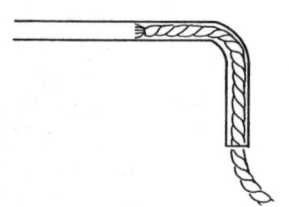

Seite 36, oben: In Amazonien treffen sich bei Manáus Weißwasser (Rio Solimóes) und Schwarzwasser (Rio Negro). Die Wassermassen mischen sich nur sehr träge, die Trennungslinie ist auch nach vielen Kilometern noch deutlich sichtbar.

In das PVC-Rohr wird eine dicke Schnur hineingeschoben. Das Rohr wird nun in etwa 10 cm Abstand über der Kerzenflamme unter ständigem Drehen gleichmäßig erwärmt. Nach genügender Erweichung wird es gebogen und sofort von der Flamme entfernt. Die Schnur verhindert, daß sich das Rohr an der Biegestelle zusammenfaltet.

Seite 36, unten: Tausend Rote Neon drängeln sich in jeder Plastikwanne! Die Zierfischfänger sammeln ihre Beute aus den Klarwasserzuflüssen zum Rio Negro für den Weitertransport zur 600 km entfernten Sammelstation in Manáus.

22.7

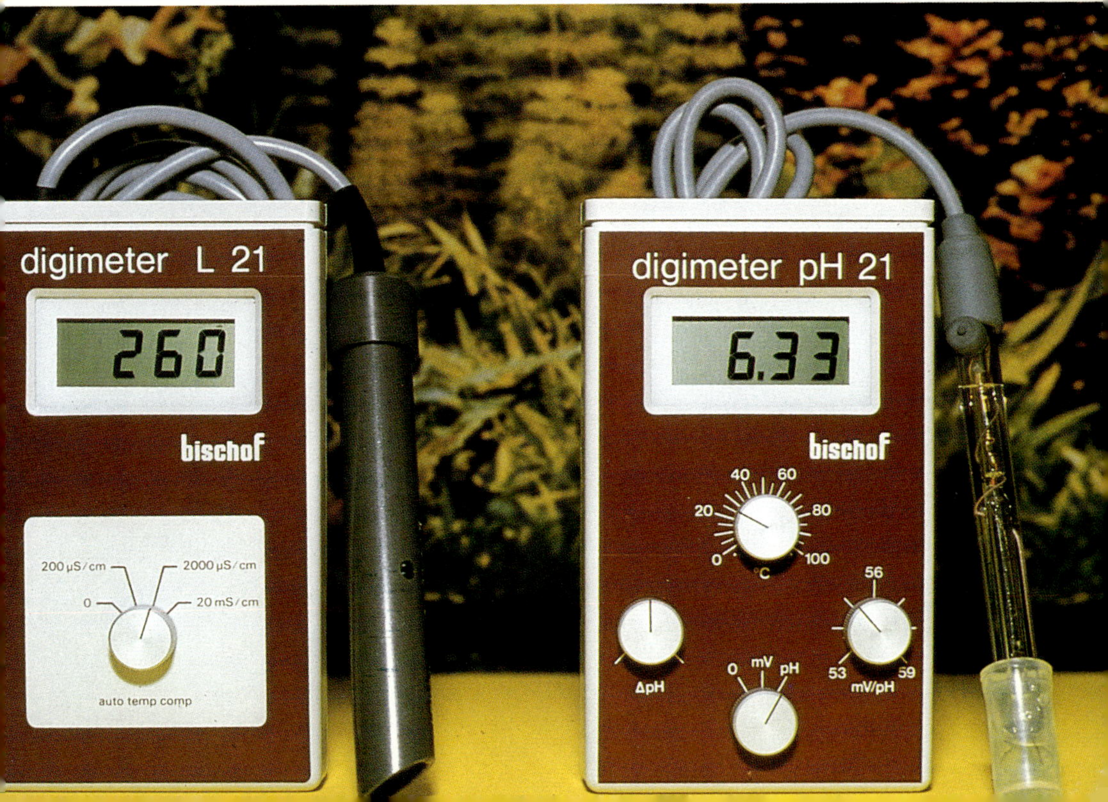
digimeter L 21
260
bischof
200 µS/cm
2000 µS/cm
0
20 mS/cm
auto temp comp
digimeter pH 21
6.33
bischof
40
60
20
80
0
100
°C
56
53
59
mV/pH
ΔpH
0
mV
pH

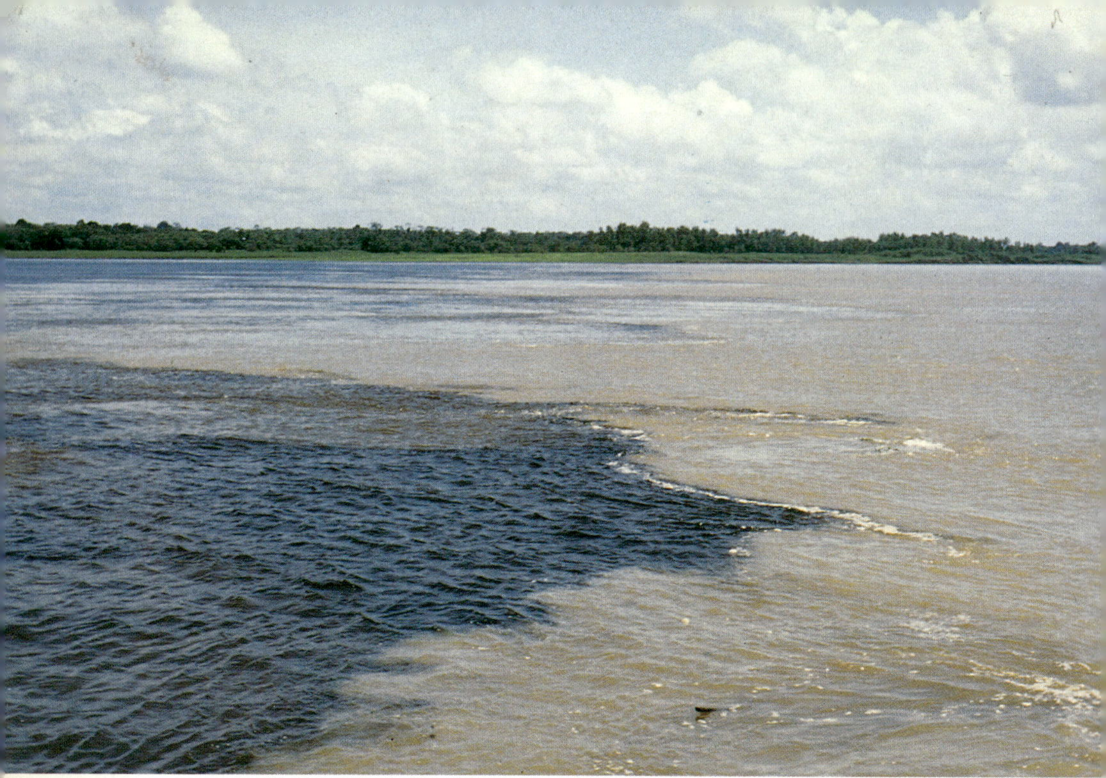

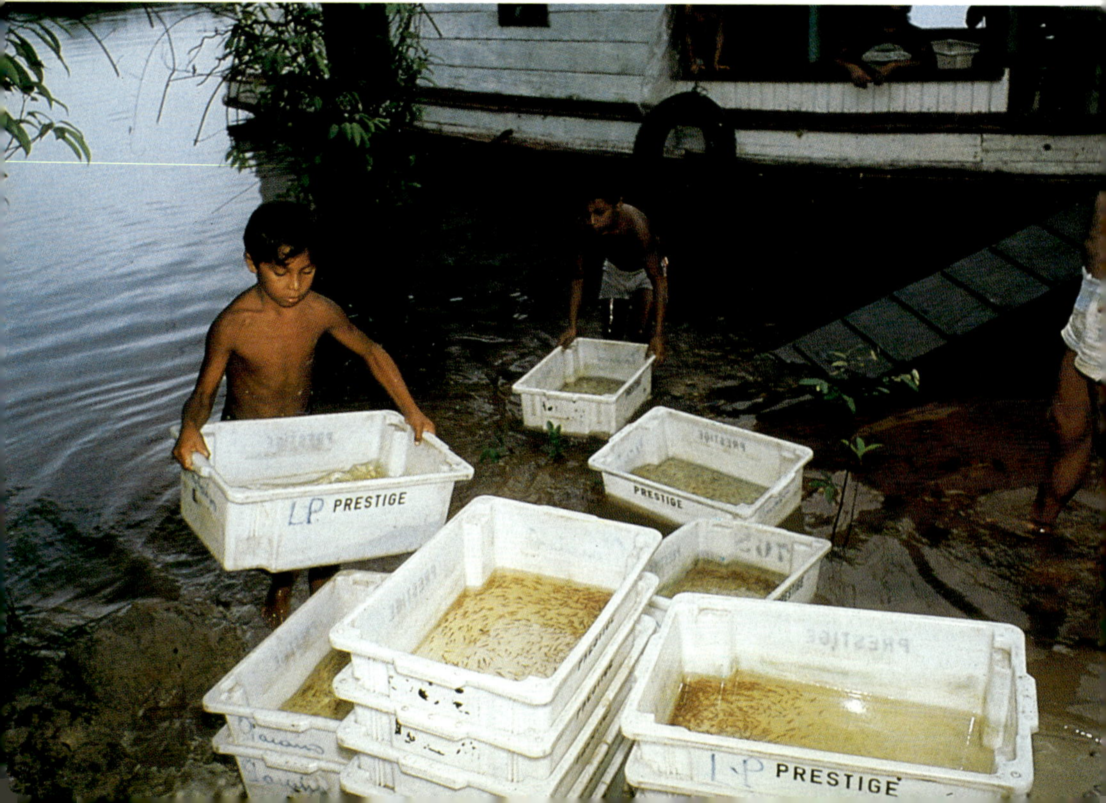
LP PRESTIGE
PRESTIGE
PRESTIGE
L.P PRESTIGE

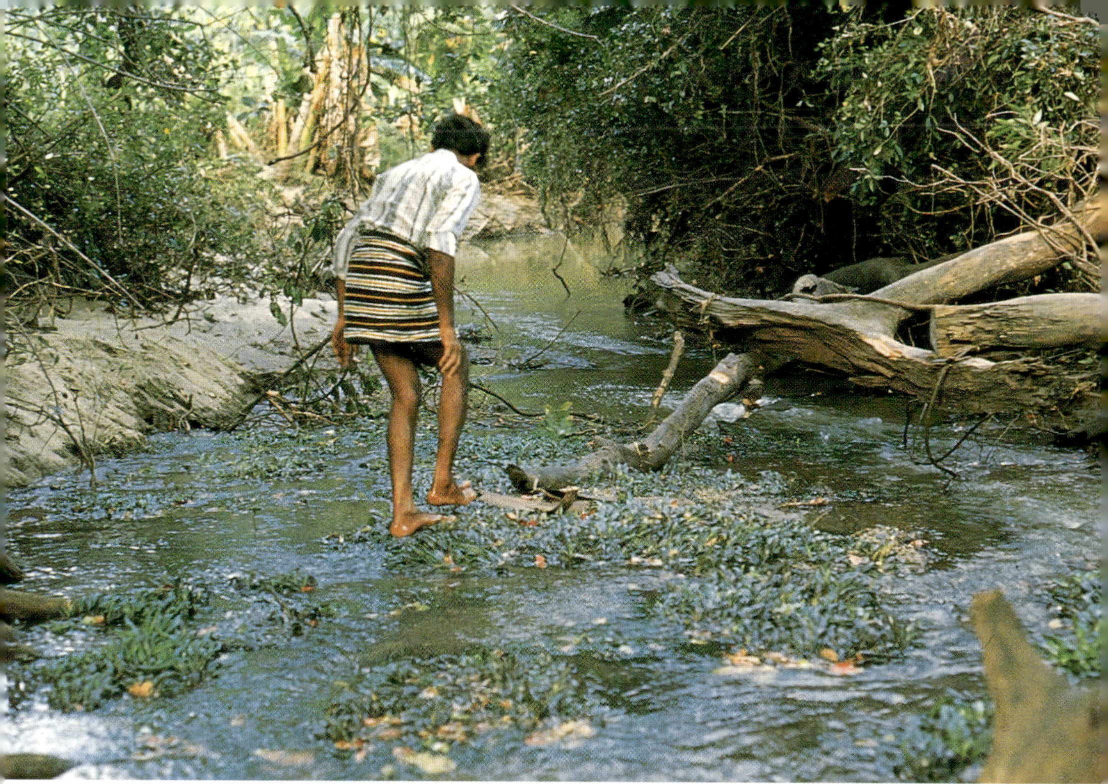

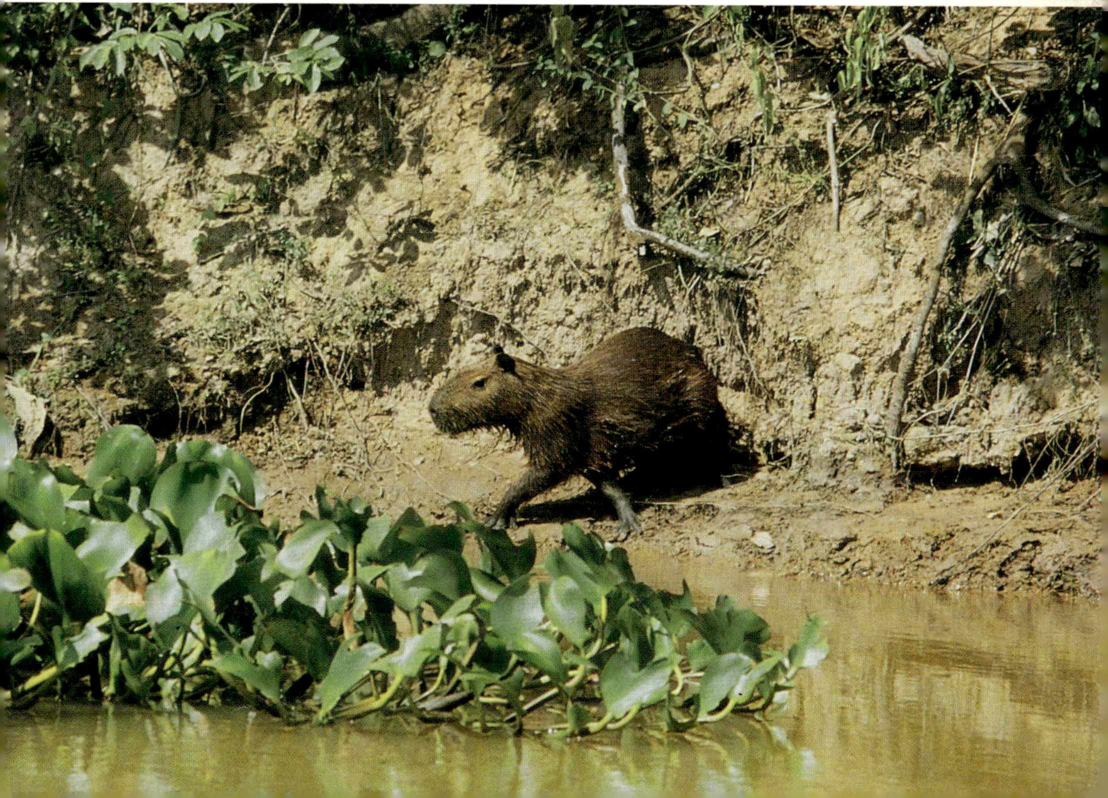

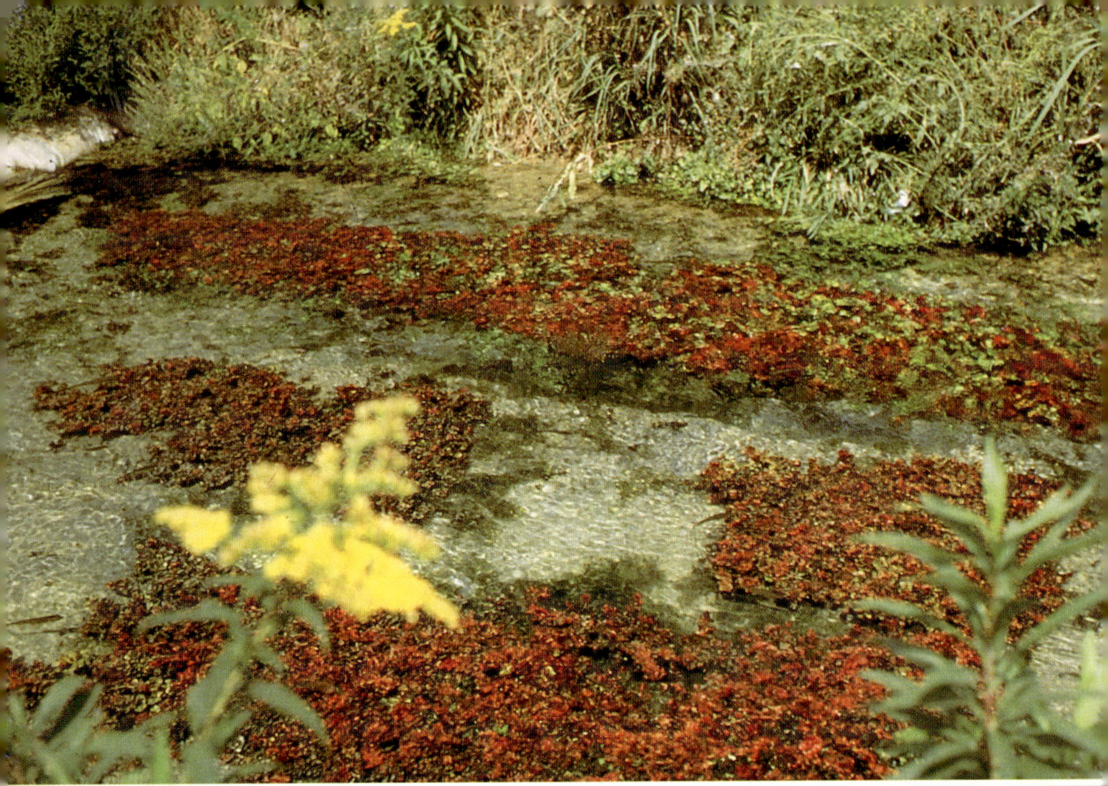

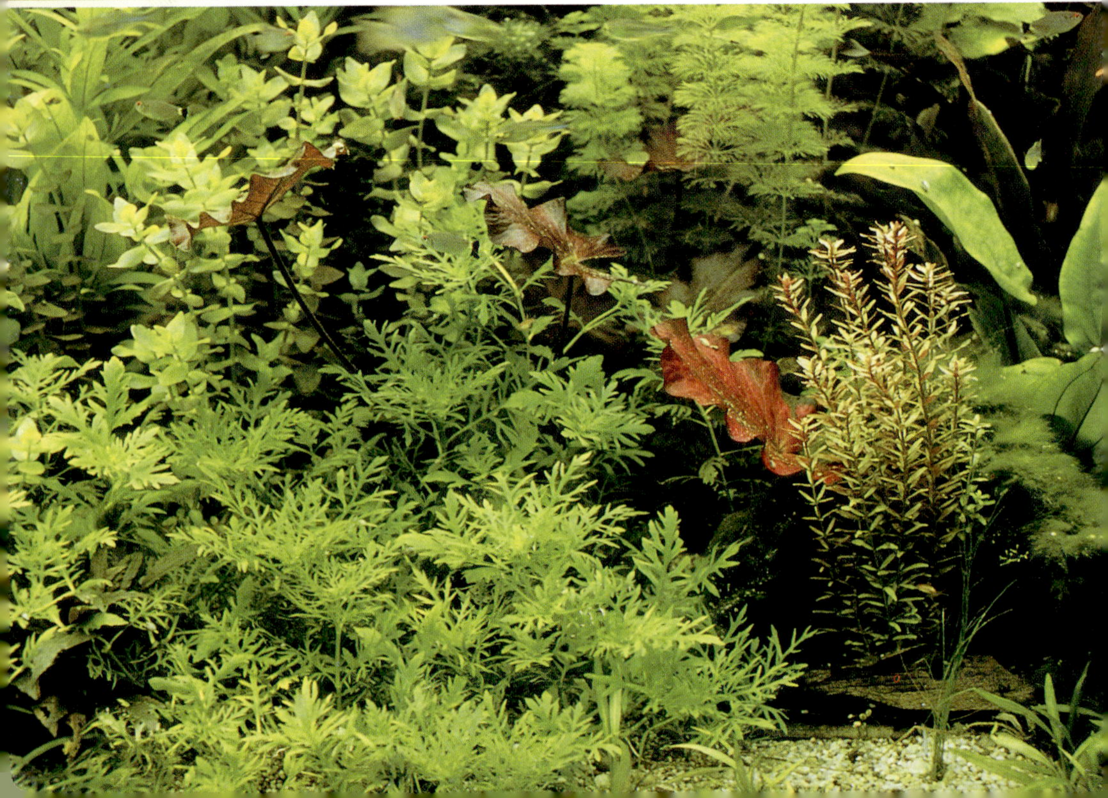

lage nach der Installation und auch gelegentlich zwischendurch auf ihre Dichtheit geprüft werden. Als ersten Schritt dazu zieht man den Schlauch vom Diffusionsgerät im Aquarium ab und verschließt ihn mit einem Stopfen. Der Blasenzähler darf dann keinen Verbrauch mehr anzeigen; bei manchen Anlagen allerdings kann noch eine Minute vergehen, bis sich der Druck in den Leitungsabschnitten ausgeglichen hat. Falls dann aber immer noch Blasen aufsteigen, muß auf dem Abschnitt hinter dem Blasenzähler nach einem Leck gesucht werden.

Als zweiter Schritt wird nun auch das große Schraubventil an der CO_2-Flasche geschlossen und das Hochdruckmanometer abgelesen. Falls die Flasche nicht schon ziemlich leer sein sollte, wird ein Druck von ungefähr 60 bar angezeigt. Dieser Druck muß nun einige Stunden, am besten über Nacht, stehenbleiben. Falls er absinkt, muß unbedingt nach dem Leck zwischen der CO_2-Flasche, Druckminderer und Blasenzähler gesucht werden. Abschließend diese Prüfung wiederholen! Man unterschätze die Verluste in diesem Abschnitt nicht, wegen des hohen Druckes sind sie enorm hoch!

Den Aufbau einer optimalen CO_2-Anlage zeigt das Schema auf der folgenden Seite.

Oben: Aquarienpflanzen gedeihen auch in europäischen Gewässern. Hier z.B. wächst *Rotala macranda* in einer Thermalquelle in Ungarn.

Unten: In diesem prächtigen Pflanzenaquarium steigt der Sauerstoffgehalt abends nicht über 5,5 mg/l. Das begünstigt sehr den Pflanzenwuchs (Seite 61).

Seite 37, oben: Dieser Wildbach im Hochland von Sri Lanka führt sehr weiches Wasser (etwa 0,8°dGH); er ist dicht bewachsen mit *Cryptocoryne wendtii*.

Seiten 37, unten: Weißwasser ist lehmig trübe und meist außerordentlich fruchtbar. Hier wuchern dichte Bestände einer Wasserhyazinthe (*Eichhornia azurea*); in der Bildmitte ein Wasserschwein, »Capivara« genannt (Pantanal, Brasilien).

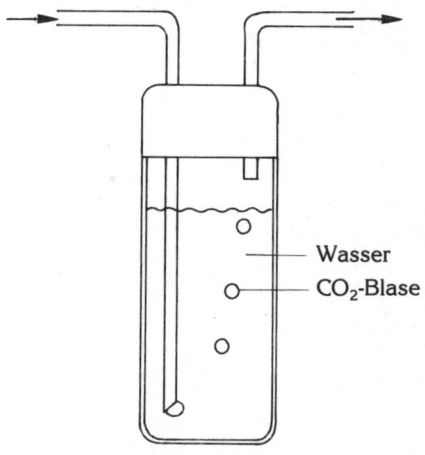

Wasser
CO_2-Blase

Der Blasenzähler wird zu etwa ⅔ mit Wasser gefüllt. Das durchströmende CO_2 tritt aus dem tief eintauchenden Rohrstück aus und steigt in einzelnen, gut kontrollierten Blasen auf.

Kohlendioxid-Düngung

Optimaler Aufbau einer CO₂-Düngeanlage

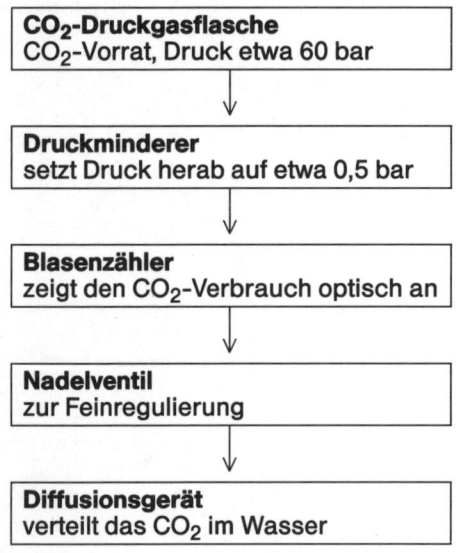

```
┌─────────────────────────────────────┐
│ CO₂-Druckgasflasche                  │
│ CO₂-Vorrat, Druck etwa 60 bar        │
└─────────────────────────────────────┘
                  ↓
┌─────────────────────────────────────┐
│ Druckminderer                        │
│ setzt Druck herab auf etwa 0,5 bar   │
└─────────────────────────────────────┘
                  ↓
┌─────────────────────────────────────┐
│ Blasenzähler                         │
│ zeigt den CO₂-Verbrauch optisch an   │
└─────────────────────────────────────┘
                  ↓
┌─────────────────────────────────────┐
│ Nadelventil                          │
│ zur Feinregulierung                  │
└─────────────────────────────────────┘
                  ↓
┌─────────────────────────────────────┐
│ Diffusionsgerät                      │
│ verteilt das CO₂ im Wasser           │
└─────────────────────────────────────┘
```

Kontrolle der CO₂-Düngung

Der CO_2-Verbrauch eines Pflanzenaquariums liegt in grober Näherung bei 1 g CO_2 pro 100 l Wasser. Er wird von vielen Faktoren erheblich beeinflußt, so z.B. von Pflanzendichte, Beleuchtung, Wasserumwälzung usw. Werden diesbezüglich Änderungen am Aquarium vorgenommen, muß der CO_2-Gehalt mindestens eine Woche lang besonders sorgfältig überwacht werden. Er sollte etwa 10–40 mg/l CO_2 betragen.

Zum Messen des CO_2-Gehaltes sind im Zoofachhandel Tropfreagenzien erhältlich. Weil diese Reagenzien aber auch mit dem CO_2 in der Luft reagieren, verderben sie leicht und täuschen dann viel höhere CO_2-Werte vor als tatsächlich vorhanden sind. Verläßlicher ist ein indirektes Meßverfahren, bei dem allerdings auch die Karbonathärte bekannt sein muß. Es ist im Teil »Wasserchemie« unter »Kohlendioxid« ausführlich beschrieben.

Ein einfaches Schnellverfahren, dessen Genauigkeit für die Praxis genügt, beruht auf einer Differenzmessung von zwei pH-Werten. Dieses CO_2-FIX-Verfahren (nach KRAUSE) erfordert zwei Arbeitsschritte:

1. Man schöpft 10–20 ml Aquarienwasser und tropft die entsprechende Menge an pH-Indikator hinzu. Dann bläst man mit einem Strohhalm so lange Atemluft hinein, bis die Farbe des Indikators – und damit der pH-Wert – sich nicht mehr ändert. Der sich einstellende pH-Wert hängt ab von der Zusammensetzung

CO₂-FIX-Verfahren nach KRAUSE											
pH-Differenz	0,0	0,1	0,2	0,3	0,4	0,5	0,6	0,7	0,8	0,9	1,0
mg/l CO₂	60	48	40	30	24	20	15	12	10	8	6

Beispiel: Der aktuelle pH-Wert unseres Aquarienwassers liege 0,3 pH-Einheiten über dem Bezugs-pH **unseres** Aquarienwassers.
Dann beträgt der Gehalt an Kohlendioxid etwa 30 mg/l.

unseres Wassers und ist typisch für **unser** Aquarienwasser! Sofern seine Zusammensetzung, insbesondere seine Karbonathärte, ungefähr gleich bleibt, braucht man diesen Arbeitsschritt nur ein einziges Mal durchzuführen. Deshalb notiert man diesen pH-Wert als Bezugs-pH-Wert sorgfältig und braucht künftig nur noch den folgenden Schritt durchzuführen.

2. Man mißt den pH-Wert des Wassers im Aquarium. Er ist normalerweise höher als unser Bezugs-pH-Wert. Die Differenz zwischen beiden pH-Werten ist ein Maß für den Gehalt an Kohlendioxid. Er kann aus der Tabelle (links unten) abgelesen werden.

Hinweise: Falls ausnahmsweise der pH-Wert im Aquarium niedriger ist als der zugehörige Bezugs-pH-Wert, dann enthält das Wasser über 60 mg/l CO_2, und die Tabelle kann nicht benutzt werden. (60 mg/l sollten im Aquarium ohnehin nicht überschritten werden.) Das Verfahren versagt, wenn pH-ändernde Mittel, z.B. Torf oder pH-Plus/Minus-Präparate, verwendet worden sind.

Das Wichtigste über

Düngen mit Kohlendioxid:

- Kohlendioxid ist der wichtigste Pflanzendünger überhaupt.
- Ein 100-Liter-Pflanzenaquarium braucht täglich etwa 1 g CO_2.
- Wartungsfreie CO_2-Düngegeräte bevorzugen (Urlaub!).
- Der Kohlendioxidgehalt in bepflanzten Aquarien sollte etwa 10–40 mg/l CO_2 betragen.
- Nach dem Einbau von CO_2-Düngeanlagen oder nach Änderungen an Filter, Wasserumwälzung, Beleuchtung usw. muß der CO_2-Gehalt mindestens eine Woche lang täglich kontrolliert werden.

Einführung in die Wasserchemie

Wasser ist ein ganz ausgezeichnetes Lösungsmittel, um nicht zu sagen: **Das** Lösungsmittel überhaupt! Es kann eine kaum übersehbare Vielfalt verschiedener Stoffe lösen. Es sind sogar solche Stoffe im Wasser nachweisbar, die gemeinhin als »wasserfest« gelten; es kommt allein auf den Analysenaufwand an. So z. B. kann man in einem Kubikmeter Meerwasser etwa 0,03 bis 44 Milligramm Gold finden.

Für die Aquaristik sind derartig winzige, spurenhafte Mengen natürlich kaum interessant. Viel wichtiger, weil rund tau-

41

sendfach konzentrierter, sind beispielsweise die Härtebildner, der Sauerstoff und das Kohlendioxid. Die für die Aquaristik allerwichtigsten Wasserinhaltsstoffe werden in den folgenden Kapiteln näher behandelt, sofern diese Stoffe auch für jeden Aquarianer mit vertretbarem Aufwand, d. h. einfachen Testsets, meßbar sind.

Für die Untersuchung mehrerer wichtiger Stoffe im Aquarienwasser bietet der Zoofachhandel Testsets von verschiedenen Herstellern an. Das Angebot wechselt, deshalb sind Markenempfehlungen nicht möglich. Beim Kauf achte man darauf, daß die Meßbereiche der Tests auch im aquaristisch wichtigen Bereich liegen. Wenn z. B. der Eisengehalt im Aquarienwasser zwischen 0,03 und 0,1 mg/l betragen soll, so ist ein Test wenig sinnvoll, der erst ab 0,1 mg/l und darüber messen kann.

Die Abkürzung **mg/l** bedeutet Milligramm pro Liter, also Tausendstel Gramm pro Liter. Das ist eine Maßeinheit für recht winzige Mengen, insbesondere wenn man bedenkt, daß 1 Liter Wasser 1.000 Gramm wiegt oder 1.000.000 Milligramm. Das heißt also: 1 mg/l bedeutet eine Verdünnung von 1:1 Million.

In der professionellen Wasserchemie sind außer dem mg/l auch noch andere Maßeinheiten gebräuchlich. Die Tabelle unten zeigt eine kleine Aufstellung von Maßeinheiten, die uns beim Lesen wasserchemischer Literatur häufiger begegnen können.

Eine Umrechnung der meisten Maßeinheiten (mg/l, °d, mol/l, val/l) ist nur mit

In der Wasserchemie häufig verwendete Maßeinheiten		
Abkürz.	**Bedeutung**	**Erläuterungen**
g/l mg/l µg/l	Gramm pro Liter Milligramm pro Liter Mikrogramm pro Liter	In Deutschland allgemein benutztes Maß. 1000 mg/l = 1 g/l. 1000 µg/l = 1 mg/l.
°d	Deutsche Grad	Volkstümliches Maß, wird noch benutzt bei Gesamt- und Karbonathärte.
ppm ppb	parts per million parts per billion	Gewichtsteile pro Million, in USA üblich. 1000 ppb = 1 ppm
mol/l mmol/l	Mol pro Liter Millimol pro Liter	Gewicht in Gramm pro Liter geteilt durch das Molekulargewicht des betreffenden Stoffes. (Vom Berufs-Chemiker bevorzugte Maßeinheit.) 1000 mmol/l = 1 mol/l.
val/l mval/l	Val pro Liter Millival pro Liter	Wie mol/l, jedoch geteilt durch die Wertigkeit des betreffenden Stoffes. (Vom Berufs-Chemiker bevorzugte Maßeinheit.) 1000 mval/l = 1 val/l.

größerem Rechenaufwand und bei genauer Kenntnis des betreffenden Stoffes möglich. Als einzige Ausnahme gilt mit genügender Genauigkeit: 1 ppm = 1 mg/l. Von den vielen möglichen Maßeinheiten werden wir hier fast ausschließlich nur das Milligramm pro Liter (mg/l) verwenden.

Einige Meßreagenzien sind giftig. Das braucht uns aber nicht gleich zu schrekken, denn bei sachgemäßem Umgang besteht keinerlei Gefahr. In jedem Haushalt liegen Unmengen von gefährlichen Stoffen frei herum, die zum Beispiel beim Verschlucken lebensgefährlich sind. Dazu zählen alle Spülmittel, Medikamente (bei Mißbrauch), Haarshampoo, Fleckenmittel, WC-Reiniger, Waschpulver usw. Unbedingt folgende Sicherheitsregeln beachten:

Der letzte Punkt ist auch aus chemischen Gründen wichtig und hilft, Meßfehler zu vermeiden. Hautschweiß enthält viele Substanzen in ziemlich konzentrierter Form. Mißt man zum Beispiel den Ammoniumgehalt und verschließt das Meßgefäß beim Umschwenken mit dem Daumen, so erhält man regelmäßig zu hohe Werte, weil Hautschweiß auch Ammonium enthält!

In diesem Buch kann nur eine kleine Einführung in die Geheimnisse der Wasserchemie gegeben werden. Wer ausführliche Informationen über viele weitere wichtige Wasserinhaltsstoffe braucht, oder wer tiefergehende und kompakte Anleitungen zur Diagnose und Therapie des Aquarienwassers sucht, findet sie in KRAUSE: »Handbuch Aquarienwasser« (bede-Verlag, im Buch- oder Zoofachhandel erhältlich; ISBN 3-927997-00-5).

- Alle Testsets vor Mißbrauch sicher aufbewahren, am besten unter Verschluß. **Besondere Vorsicht gegenüber Kindern!**
- Während der chemischen Arbeiten nicht essen, trinken oder rauchen. Es könnten Chemikalien in den Mund geraten.
- Hautkontakt vermeiden. Falls versehentlich Chemikalien auf die Haut gelangt sind, sogleich unter fließendem Wasser gut abspülen. Meßgläschen beim Umschwenken mit einem Stopfen verschließen und niemals mit dem Daumen.

Wasserhärte

Bei der Wasserhärte wird unterschieden zwischen Gesamthärte und Karbonathärte. Diese Begriffe sind aus heutiger Sicht recht unglücklich gewählt, zumal sie den Eindruck erwecken, daß die Härte des Wassers auch fühlbar sei. Das ist natürlich nicht der Fall. Die Begriffe entstanden um 1900, als zahllose Wäschereibetriebe entstanden und der wirtschaftlich wichtige Zusammenhang zwischen Seifenverbrauch und wasserlöslichen Calciumsalzen erkannt wurde: Wasser, das viel Calciumsalze enthält, verbraucht viel Seife und wurde deshalb als »hart« bezeichnet.

Später machte man die Erfahrung, daß durch Kochen des Wassers oftmals die Härte gesenkt werden konnte. Dabei bildet sich nämlich an der Gefäßwandung ein Niederschlag aus Kesselstein, also Kalk. Dieser niedergeschlagene Kalk enthält einen Teil des zuvor im Wasser gelösten Calciums gebunden als Calciumcarbonat (Carbonate sind Verbindungen, die aus Kohlensäure entstanden sind). Somit wurde ein Teil des Calciums und damit der Härte aus dem Wasser entfernt. Man gab diesem Teil der Härte deshalb den Namen »Karbonathärte«.

Mit fortschreitenden Erkenntnissen in der Wasserchemie ergab sich folgendes:

Unter »Gesamthärte« versteht man den Gehalt des Wassers an sämtlichen Salzen der sogenannten Erdalkalien, also von Calcium, Magnesium, Barium und Strontium.

Unter »Karbonathärte« versteht man den Gehalt des Wassers an demjenigen Anteil an Erdalkalien, für den im Wasser außerdem noch als Verbindungspartner Carbonat-Ionen oder Hydrogencarbonat-Ionen vorhanden sind. Nur dieser Anteil der Erdalkalien kann eine Verbindung als Carbonat eingehen, kann also als Kalk ausfallen.

Diese Definition der Härtebegriffe hat sich inzwischen fest eingebürgert. Berufs-Chemiker benutzen heute allerdings andere Bezeichnungen. So sprechen sie nicht von Karbonathärte, sondern von »Säurekapazität«; sie messen auch nicht mehr in Deutschen Grad (°d), sondern in Millimol pro Liter (mmol/l). Aber im Alltagsgebrauch und in der Aquaristik sind die Bezeichnungen Gesamthärte, Karbonathärte und Deutsche Grad noch so gebräuchlich und werden meist besser verstanden, daß auch wir uns noch daran halten werden.

Gesamthärte

Die Gesamthärte (GH), also der Gehalt des Wassers an Salzen der Erdalkalien, spielt in der Aquaristik eine bedeutende Rolle, denn die Bildner der Gesamthärte stellen im Normalfall etwa 75 % des gesamten Salzgehaltes im Wasser. Eine hohe Gesamthärte ist also gleichbedeutend mit einem hohen Gesamtsalzgehalt, und in der Regel gilt das gleiche auch umgekehrt.

Die Gesamthärte wird vor allem durch den Gehalt an Calcium- und Magnesiumsalzen verursacht. Die übrigen Erdalkalien, also Barium und Strontium, sind nur selten in wesentlichen Mengen vorhanden. Dies trifft für praktisch alle Süßwässer zu, denn es hat sich gezeigt, daß die natürlichen Gewässer in aller Welt zwar im Gesamtsalzgehalt außerordentlich verschieden sein können, daß die meisten aber in ihrer prozentualen Zusammensetzung einander überraschend ähnlich sind.

Das Wasser nimmt die Salze während seiner Wanderung durch das Erdreich auf. Je nach dessen geologischer Beschaffenheit gibt es daher Wässer mit geringer oder höherer Gesamthärte. Hartes Wasser findet man vor allem in Kalkgebieten, während weiches Wasser z. B. in Granit- oder Basaltgebieten vorkommt. Ein Beispiel für die regionalen

Unterschiede der Wasserhärte zeigt die Karte.

Man kann die Gesamthärte nach folgender Tabelle beurteilen:

Beurteilung der Gesamthärte nach Deutschen Graden	
unter 3 °d	sehr weich
3 – 7 °d	weich
7 – 14 °d	mittelhart
14 – 21 °d	hart
über 21 °d	sehr hart

Oftmals herrscht die Vorstellung, hartes Wasser habe eine schlechte Qualität und weiches Wasser sei ideal. Diese Ansicht ist falsch! Eine allgemeingültige, biologische Wertung nach Härtegraden ist nicht möglich, es kommt stets auf den Einzelfall an. Als Trinkwasser zum Beispiel ist weiches Wasser nicht besonders zu empfehlen, und der Genuß von destilliertem Wasser (Härte = 0!) in größeren Mengen kann sogar sehr gesundheitsschädlich sein. Mineralwässer dagegen haben eine relativ hohe Gesamthärte, sie sind z. B. für durstige Sportler genau das Richtige.

Auch bei Aquarienwässern ist keineswegs das weichere Wasser stets auch das bessere; es kommt ganz auf den Verwendungszweck an! Manche Fische lassen sich nur in relativ harten, oder genauer gesagt, salzreichen Süßwässern züchten, weil diese Tiere in ihrem Heimatbiotop an solches Wasser gewöhnt sind. Als Beispiel hierfür seien die Barsche aus dem Tanganjikasee in Zentralafrika genannt, wobei allerdings noch erwähnt sei, daß das Wasser des Tanganjikasees von der Standardzusammenset-

zung üblicher Süßwässer deutlich abweicht.

Ein extrem weiches oder, genauer gesagt, salzarmes Wasser dagegen benötigen zum Beispiel der Rote Neon oder der Diskus. Kein Wunder, denn beide stammen aus dem Amazonas bzw. aus seinen riesigen Zuflußgebieten, in denen vor allem die Schwarzwasserflüsse und sehr viele Klarwasserflüsse extrem weiches Wasser führen. Zwar ist es durchaus möglich, diese Tiere in mittelhartem Wasser zu halten, und sie können darin

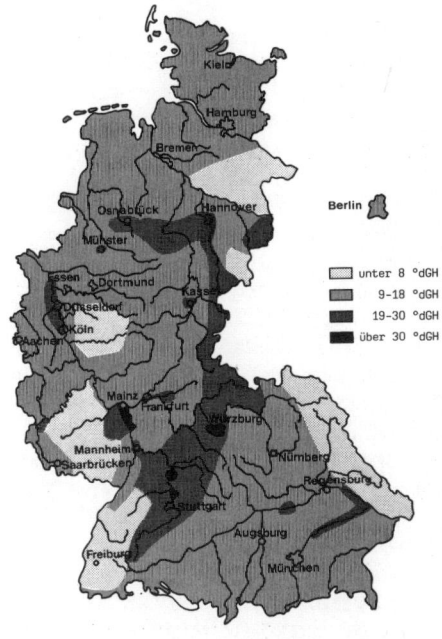

Berlin

	unter 8 °dGH
	9–18 °dGH
	19–30 °dGH
	über 30 °dGH

Die Wasserhärte hängt ab von der geologischen Struktur des Erdreiches. (Nach: Kosmos, 1974, Seite 371; Franckh-Verlag.)

Umrechnung der Gesamthärte Deutsche Grad °d – Erdalkali-Ionen mmol/l					
°d	mmol/l	°d	mmol/l	°d	mmol/l
1	0,18	11	1,98	21	3,78
2	0,36	12	2,16	22	3,96
3	0,54	13	2,34	23	4,14
4	0,72	14	2,52	24	4,32
5	0,90	15	2,70	25	4,50
6	1,08	16	2,88	26	4,68
7	1,26	17	3,06	27	4,86
8	1,44	18	3,24	28	5,04
9	1,62	19	3,42	29	5,22
10	1,80	20	3,60	30	5,40

sogar ein hohes Alter erreichen. Aber die Zucht dieser und ähnlicher Fische gelingt auch den Spezialisten nur dann, wenn die Zusammensetzung des Aquarienwassers ungefähr dem Heimatgewässer dieser Fische entspricht.

Es sei aber ausdrücklich betont, daß die meisten gängigen Aquarienfische sich in Wässern mittlerer Gesamthärte, also bei etwa 7 bis 14 °dGH, nicht nur problemlos halten, sondern auch vermehren lassen. Es ist also normalerweise nur selten notwendig, die Härte des zur Verfügung stehenden Leitungswassers zu ändern. Im Zweifelsfall frage man den Zoofachhändler nach den Ansprüchen der zum Kauf auserwählten Fische. Nötigenfalls helfen die Hinweise im Kapitel »Weiches Wasser«.

Aquarienpflanzen stellen keine besonderen Ansprüche an die Gesamthärte. Die Erfahrung zeigte, daß sogar Cryptocorynen, die aus ihrem Heimatbiotop mit nur 0,5 °d mitgebracht wurden, im Aquarienwasser mit 25 °d weiterwachsen und sich vermehren. Mißerfolge bei der Pflanzenpflege werden regelmäßig durch andere Pflegefehler verursacht, nicht aber durch eine ungeeignete Gesamthärte, denn fast alle Pflanzenarten können sich an die vorhandene Gesamthärte anpassen. Dabei gelingt die Umstellung vom weichen Wasser in hartes leichter als umgekehrt vom harten in weiches.

Für die Aquarienbewohner ist es wichtig, daß die Gesamthärte – wie auch alle übrigen Wasserwerte – weitgehend unverändert bleibt. Jede Änderung bedeutet Streß für die Fische wie auch für die Pflanzen. Unnötiges Experimentieren schadet nur!

Das Messen der Gesamthärte ist sehr einfach. Der Zoofachhandel bietet geeignete GH-Tropftests an, die üblicherweise Messungen mit 1 °d Auflösung erlauben. Hierzu schöpft man mit dem zugehörigen Meßgläschen eine Wasserprobe bis zur Markierung. Dann tropft man langsam von der GH-Reagenzlösung hinzu, bis die Farbe der Wasserprobe plötzlich umschlägt. Die bis dahin verbrauchte Anzahl Tropfen entspricht der Gesamthärte in °d.

Noch einfacher gelingt die Messung mit speziellen Teststäbchen zum Eintauchen, die zonenweise mit Reagenzien präpariert sind. Die Stäbchen werden für einige Sekunden in das zu messende Wasser gehalten, herausgenommen und durch leichtes Abschütteln vom anhängenden Wasser befreit. Die verschiedenen Reagenzzonen verfärben sich je nach Härtegrad, und so läßt sich dann die Gesamthärte leicht ablesen. Allerdings erlauben die Tauchstäbchen nur eine grobe Beurteilung der Härte in z. B. vier Stufen.

Für die Gesamthärte gibt es außer der Maßeinheit »Deutsche Grad °d« noch die Einheit »Summe Erdalkalien mmol/l«. Dieses ist die eigentlich vom Gesetzgeber für den allgemeinen Gebrauch vorgeschriebene Maßeinheit. Bei der Umrechnung hilft die Tabelle (oben links).

Das Wichtigste über die

Gesamthärte:

- Die Gesamthärte erfaßt etwa 75 % des gesamten Salzgehaltes im Süßwasser.
- Die Höhe der Gesamthärte ist **kein** Maß für die biologische Qualität.
- Die meisten Aquarienfische und -pflanzen passen sich der vorhandenen Härte an.
- Empfindliche Fische verlangen zur Zucht die gleiche Härte wie im Heimatbiotop.

- Ständige Schwankungen der Gesamthärte bedeuten Streß für Tiere und Pflanzen.

Karbonathärte

Wie zuvor bereits erklärt, versteht man unter Karbonathärte (KH) denjenigen Anteil der Erdalkalien (Bildner der Gesamthärte), für den als Verbindungspartner Carbonat-Ionen oder Hydrogencarbonat-Ionen zur Verfügung stehen. Nur dieser Teil der Erdalkalien kann eine Verbindung als Carbonat eingehen, kann also als Kalk ausfallen. Daraus folgt zwangsläufig, daß die Karbonathärte niemals höher sein kann als die Gesamthärte!

In den meisten Wässern beträgt die Karbonathärte ungefähr 80 % der Gesamthärte, beide gemessen in °d (Deutsche Grad).

Bei manchen Wässern kommt es vor, daß die Messung der Karbonathärte einen höheren Wert in °d ergibt als die Messung der Gesamthärte! Trotzdem ist die Karbonathärte nicht höher als die Gesamthärte! Die Ursache liegt in dem allgemein üblichen, einfachen Meßverfahren, das unglücklicherweise sämtliche Karbonatanteile erfaßt – also auch solche, die im Überschuß vorhanden sind und daher über die Bindungsmöglichkeiten mit Erdalkalien hinausgehen. In solchen Fällen wird das Meßergebnis wie folgt notiert: Karbonathärte = Gesamthärte. Der Überschuß wird als Natriumsalz angesehen, welches keinen Kesselstein bilden kann; dabei gilt: 1 °dKH-Überschuß = 30 mg/l $NaHCO_3$.

Dazu ein Beispiel: Gemessen wurden 12 °d GH und 15 °dKH. Als Ergebnis werden notiert 12 °dGH, 12 °dKH, 90 mg/l $NaHCO_3$.

Das Ganze liest sich sehr kompliziert, und es ist auch nicht einfach zu verstehen. Für die normale Aquarienpraxis genügt vollkommen die Kenntnis:

> Die Karbonathärte
> ist niemals höher
> als die Gesamthärte!

Die Karbonathärte spielt im Aquarium eine noch wichtigere Rolle als die Gesamthärte. Um das verständlich zu machen, sei hier ausnahmsweise einmal eine chemische Gleichung erlaubt; die chemischen Namen und die aquaristische Bedeutung stehen darunter:

$$Ca(HCO_3)_2 \longleftrightarrow CaCO_3 + H_2CO_3$$

Calcium- $\longleftrightarrow$ Calcium- + Kohlen-
hydrogen- carbonat säure
carbonat

KH-Bildner $\longleftrightarrow$ Kalk + Kohlensäure

Diese Gleichung sagt aus, daß die Bildner der Karbonathärte zerfallen können in Kalk und Kohlensäure. Der Pfeil weist in beide Richtungen. Das bedeutet, daß die Gleichung ebenso auch in umgekehrter Richtung gültig ist: Wirkt Kohlensäure auf Kalk ein, so entsteht Karbonathärte!

Wann die Gleichung in der einen Richtung und wann in der anderen abläuft,

das hängt ab – wie auf dem freien Markt – von Angebot und Nachfrage. Wenn also zum Beispiel Karbonathärte vorhanden ist, und es mangelt an Kohlensäure, dann zerfallen KH-Bildner zu Kalk und Kohlensäure.

Dieser Fall passiert nicht selten in unseren Aquarien. Und zwar dann, wenn die Wasserpflanzen kräftig wachsen und bei ihrer Fotosynthese das Kohlendioxid im Wasser aufgebraucht haben. Der beim Zerfall der KH-Bildner entstehende Kalk schlägt sich dann an Ort und Stelle nieder, nämlich auf den Blättern der Pflanzen. Sie bekommen einen weißgrauen Belag, der sich wie Sandpapier anfühlt. Für die Aquarienpflanzen ist das harter Streß, und manche von ihnen gehen dabei ein.

Weil bei diesem Vorgang die Karbonathärte sinkt, wird er von manchen Autoren vornehm als »biogene Entkalkung« bezeichnet. Aquaristisch gesehen ist er jedoch keineswegs ein Grund zur Freude. Er muß unbedingt vermieden werden, vor allem im Interesse unserer Aquarienpflanzen! Man braucht nur dafür zu sorgen, daß stets genügend Kohlensäure im Aquarienwasser vorhanden ist. Über das »Wie« informiert das Kapitel »Düngen mit Kohlendioxid« im Teil »Wasserpflege«.

Auch der umgekehrte Fall – die Gleichung verläuft von rechts nach links – kann im Aquarienwasser vorkommen; allerdings nur dann, wenn man ziemlich weiches Wasser und kalkhaltigen Bodengrund hat. Dann kann es passieren, daß die Kohlensäure im Wasser mit dem Kalk reagiert und Karbonathärte bildet, daß also die Karbonathärte im

Wasser allmählich ansteigt. Wer also Wert auf weiches Wasser legt, weil seine Pfleglinge das so verlangen, darf keine kalkhaltigen Gegenstände im Aquarium haben (Dekoration, Bodengrund).

Hier noch zwei kleine Ergänzungen: Bei akutem CO_2-Mangel steigt der pH-Wert auf etwa 7,5 bis 8,3 an, und die KH-Bildner beginnen zu zerfallen. Wie ein nochmaliger Blick auf obige chemische Gleichung zeigt, entsteht dabei neben Kalk auch etwas Kohlensäure. Diese wirkt einem weiteren pH-Anstieg bremsend entgegen. Hieraus resultiert die aquaristisch so sehr geschätzte Pufferwirkung der Karbonathärte! Bei einem Wasser mit beispielsweise nur 3 °d Karbonathärte sind die KH-Bildner im Falle der »biogenen Entkalkung« schnell aufgebraucht, und dann kann der pH-Wert ungehindert rasch weit über 8 hinaus ansteigen!

Um die KH-Bildner am Zerfallen zu hindern, darf nicht nur kein Mangel an Kohlensäure herrschen, sondern es muß sogar eine bestimmte Mindestmenge zugegen sein. Sie hängt ab von der Karbonathärte des Aquarienwassers sowie von dessen übriger Zusammensetzung. Genaue Angaben sind schwierig, es ist jedoch weniger Kohlensäure notwendig, als allgemein vermutet wird. Sandartige, rauhe Kalkbeläge auf den Pflanzenblättern in Lampennähe weisen in jedem Fall auf Kohlensäuremangel hin. Die oft zitierten »CO_2-Gleichgewichtstabellen« sind für die Aquaristik ausnahmslos unbrauchbar! Aus Unkenntnis werden sie leider immer wieder in der Aquarienliteratur angeführt. (Näheres ist nachzule-

sen in KRAUSE: »Handbuch Aquarienwasser«.)

Zum Messen der Karbonathärte werden im Zoofachhandel sehr einfach anwendbare Tropftests von verschiedenen Firmen angeboten. Sie erlauben üblicherweise Messungen mit 1 °d Auflösung. Man schöpft mit dem zugehörigen Meßgläschen eine Wasserprobe bis zur Markierung. Dann tropft man langsam von der KH-Reagenzlösung hinzu, bis die Farbe der Wasserprobe plötzlich umschlägt. Die bis dahin verbrauchte Anzahl Tropfen entspricht der Karbonathärte in °d.

Neben dem heute allgemein üblichen Maß für die Karbonathärte »Deutsche Grad °d« wird zunehmend die gesetzlich vorgeschriebene Maßeinheit »Säurekapazität mmol/l« verwendet. Bei der Umrechnung hilft die Tabelle (S. 50).

Das Wichtigste über die

Karbonathärte:

- Die Höhe der Karbonathärte beträgt meist etwa 80 % der Gesamthärte.
- Die Karbonathärte kann niemals größer sein als die Gesamthärte.
- Bei Mangel an Kohlensäure fällt ein Teil der Karbonathärte aus und bildet Kalkablagerungen.
- Die Karbonathärte wirkt stabilisierend auf den pH-Wert und verhindert Werte über pH 8.
- Wässer unter 3 °dKH sind nur wenig stabil, sie bedürfen besonderer Aufmerksamkeit.

Umrechnung der Karbonathärte Deutsche Grad °d – Säurekapazität mmol/l					
°d	mmol/l	°d	mmol/l	°d	mmol/l
1	0,36	11	3,96	21	7,56
2	0,72	12	4,32	22	7,92
3	1,08	13	4,68	23	8,28
4	1,44	14	5,04	24	8,64
5	1,80	15	5,40	25	9,00
6	2,16	16	5,76	26	9,36
7	2,52	17	6,12	27	9,72
8	2,88	18	6,48	28	10,08
9	3,24	19	6,84	29	10,44
10	3,60	20	7,20	30	10,80

Stickstoffverbindungen

Der Stickstoff, chemische Formel N (lat.: Nitrogenium), begegnet uns im Aquarium in vielen verschiedenen Formen. Recht unauffällig ist seine Gasform (N_2). Weil unsere Luft zu rund 80 % aus Stickstoffgas besteht, sind im Aquarienwasser außer den Gasen Sauerstoff und Kohlendioxid auch größere Mengen an Stickstoffgas gelöst; bei 20 °C sind es etwa 14 mg/l N_2.

Stickstoff in Gasform reagiert, wenn überhaupt, chemisch nur sehr widerwillig. Daher spielt das Stickstoffgas in der Aquaristik so gut wie überhaupt keine Rolle. Nur bei der sogenannten Denitrifikation tritt es als harmloses Reaktionsprodukt auf; Näheres siehe im Kapitel »Nitrat«.

Große aquaristische Bedeutung haben dagegen die chemischen Verbindungen des Stickstoffes; zu den wichtigsten zählt das Eiweiß. Es hat eine sehr komplizierte chemische Formel und ist wesentlicher Bestandteil aller Lebewesen und z. B. auch des Fischfutters. Bei der biochemischen Zerlegung der Eiweiße, also beim Verdauen des Futters oder beim Abbau des Überschusses im Wasser, wird der Stickstoff nach Durchlaufen vieler verschiedener Zwischenstufen schließlich in Form von Ammonium, Nitrit und Nitrat freigesetzt.

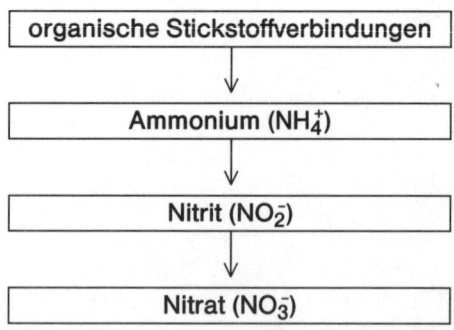

Die Umwandlung der Stickstoffverbindungen von der einen in die andere Form wird jeweils von besonders darauf spezialisierten Bakterien übernommen.

Ammonium

Die Stickstoffverbindungen Ammonium, Nitrit und Nitrat spielen im Aquarium eine sehr wesentliche Rolle und werden deshalb im folgenden näher behandelt.

Ammonium

Bei der Zerlegung der komplizierten Eiweiße ist das Ammonium die erste einfach aufgebaute Stickstoffverbindung. Es hat die chemische Formel NH_4^+. Das »+« zeigt dem Chemiker an, daß es eine elektrische Ladung trägt und somit ein Ion ist.

Im Trinkwasser sollte kein Ammonium vorhanden sein, es wäre sonst ein Hinweis auf eine vorangegangene Verschmutzung. Im Aquarium wird ständig Ammonium freigesetzt beim Zersetzen von Futterresten sowie aus dem Kot und Urin der Fische. Einen wesentlichen Teil geben die Fische auch über die Kiemen ab, und zwar in Form von Ammoniak (Näheres über Ammoniak siehe weiter unten).

Bei neu eingerichteten Aquarien bzw. Filtern, in denen sich noch keine leistungsfähigen Bakterienkolonien angesiedelt haben, können sich größere Mengen von Ammonium anhäufen. Im Normalfall aber wird das Ammonium durch Bakterien schnell weiterverarbeitet zum Nitrit. Im eingefahrenen Aquarienwasser gilt ein Gehalt um 0,1–0,5 mg/l NH_4^+ je nach Fischbesatz als normal.

Für unsere Aquarienpflanzen ist das Ammonium eine sehr willkommene Nährstoffquelle. Alle Pflanzen nehmen den Stickstoff am liebsten als Ammonium auf. Zwar können sie z. B. auch Nitrat verwerten, doch bevorzugen sie stets als Stickstoffquelle das Ammonium.

Ammonium ist relativ ungiftig. Leider aber hat es die Eigenschaft, sich – je nach pH-Wert – teilweise umzuwandeln in das sehr giftige Ammoniak. Ammoniak ist ein Gas mit der Formel NH_3, das sich im Wasser sehr gut lösen kann. Z. B. ist der bekannte, stechend riechende Salmiakgeist eine Lösung von 10 % NH_3 in Wasser. Für die Fische sind schon sehr geringe Mengen von nur 0,02 mg/l Ammoniak (NH_3) schädlich. Ab etwa 0,20 mg/l NH_3 muß sogar nach wenigen Tagen mit Todesfällen gerechnet werden.

Die Umwandlung von Ammonium in Ammoniak ist ein rein chemischer Prozeß; er verläuft ohne Zeitverzug je nach pH-Wert und ist umkehrbar. Je höher der pH-Wert, desto mehr Ammonium wandelt sich um in Ammoniak. Sinkt der pH-Wert, so verläuft die Umwandlung umgekehrt, bis schließlich unter etwa pH 6 nur noch harmloses Ammonium vorhanden ist.

Zur Messung des Gehaltes von Ammonium bzw. Ammoniak sind im Zoofachhandel Testsets von verschiedenen Herstellern erhältlich. Das Meßergebnis läßt sich nicht sofort beurteilen, denn kein Test kann unterscheiden zwischen NH_4^+ und NH_3, sondern alle messen stets den Gesamtgehalt. Zur Beurteilung muß man also außerdem noch den pH-Wert messen und kann dann aus folgender Tabelle den Anteil von giftigem Ammoniak ablesen.

Anteil des giftigen Ammoniaks (mg/l)					
Gesamtgehalt NH_4^+ und NH_3 (mg/l)	bei pH-Wert				Bewertung
	6,5	7,0	7,5	8,0	
0,1	<0,01	<0,01	<0,01	0,01	
0,2	<0,01	<0,01	<0,01	0,01	harmlos
0,3	<0,01	<0,01	0,01	0,02	
0,5	<0,01	<0,01	0,01	0,03	
1,0	<0,01	<0,01	0,02	0,06	kritisch
1,5	<0,01	<0,01	0,03	0,09	
2,0	<0,01	0,01	0,04	0,11	
4,0	<0,01	0,02	0,08	0,23	
6,0	0,01	0,04	0,11	0,34	akut
8,0	0,02	0,05	0,15	0,46	gefährlich

Beispiel: Es werden 0,5 mg/l Gesamtgehalt gemessen und pH 7,5. Dann beträgt der Anteil an giftigem Ammoniak nur 0,01 mg/l, er ist also harmlos. (In der Tabelle bedeutet <0,01 kleiner als 0,01).

In gepflegten Aquarien bleibt der Ammonium/Ammoniakgehalt stets unter der kritischen Grenze. Sollte er in Ausnahmefällen zu hoch sein, wird am besten ein Teilwasserwechsel durchgeführt. Bei ständig erhöhter Konzentration ist das Aquarium überlastet, das heißt, der Fischbesatz ist zu hoch. Eventuell kann ein leistungsfähigerer Filter Abhilfe schaffen.

Nitrit

Nitrit entsteht aus Ammonium durch die oxidierende Tätigkeit der Filterbakterien. Es hat die chemische Formel NO_2^- und zählt wegen seiner Ladung »–« ebenfalls zu den Ionen.

Im Aquarienwasser ist ein Nitritgehalt um 0,02–0,1 mg/l völlig unbedenklich. Werte über 0,2 mg/l NO_2^- weisen hin auf eine Störung in der biochemischen Selbstreinigung des Aquarienwassers bzw. in der Filterung, denn normalerweise wird das Nitrit durch eine andere Gruppe von Filterbakterien zügig weiteroxidiert zum Nitrat (NO_3^-). Eine mögliche Ursache sind ganz neue Filter, in denen sich noch keine leistungsfähigen Bakterienkolonien angesiedelt haben. Dieser Einfahrprozeß kann durchaus mehrere Wochen dauern; man kann ihn recht gut überwachen durch ständige Kontrolle des Nitritgehaltes.

Nitrit ist in höherer Konzentration ein Fischgift, weil es den Sauerstofftransport im Blut blockiert. Gehalte von 1–2 mg/l Nitrit werden von vielen Fischen bei ausreichendem Sauerstoffgehalt noch toleriert, doch können Todesfälle nicht ausgeschlossen werden. Deshalb sollte der Nitritgehalt rechtzeitig durch Wasserwechsel herabgesetzt werden.

Nitrat

Wenn der Nitritgehalt auch nach der Einfahrzeit der Filter ständig zu hoch ist, ist das Aquarium mit Fischen total überbesetzt.

Die Messung des Nitritgehaltes im Aquarienwasser ist sehr einfach. Geeignete Testsets werden von verschiedenen Herstellern im Zoofachhandel angeboten.

Nitrat

Aus Nitrit entsteht durch die oxidierende Tätigkeit von Bakterien Nitrat; es hat die chemische Formel NO_3^-. Nitrat ist eine ziemlich stabile Stickstoffverbindung. Es kann sich daher im Aquarienwasser anhäufen, ist aber relativ ungiftig. Konzentrationen von 50–100 mg/l oder sogar mehr im Aquarienwasser gelten als relativ unschädlich.

Vom Nitrat droht nur Gefahr, wenn es in sauerstoffarme Zonen gerät und dort zurückverwandelt wird zum giftigen Nitrit. Darin liegt der Grund, weshalb z. B. die Trinkwasserverordnung den zulässigen Nitratgehalt im Trinkwasser begrenzt, denn im Verdauungstrakt insbesondere von Säuglingen herrscht Sauerstoffmangel, und dort können derartige Prozesse ablaufen und gefährlich werden.

Nitrat, die Endstufe des bakteriellen Eiweißabbaus, häuft sich im Aquarienwasser leicht an. Zwar können die Pflanzen auch das Nitrat als Stickstoffquelle benutzen, doch zum einen bevorzugen sie das Ammonium und zum anderen fallen meist mehr Stickstoffverbindungen an, als sie überhaupt verwerten können.

Deshalb sollte man dem Ansteigen des Nitratgehaltes vorbeugen durch regelmäßigen Teilwasserwechsel (etwa 10–20 % pro Woche).

Seit einiger Zeit werden auch in der Aquaristik Verfahren benutzt, mit denen der Nitratgehalt ohne Wasserwechsel gesenkt werden kann. Das Geheimnis heißt »biologische Denitrifikation«. Der Chemiker sieht das Verfahren als Reduktionsprozeß und beschreibt ihn so:

$$NO_3^- \rightarrow NO_2^- \rightarrow NO \rightarrow N_2O \rightarrow N_2$$

Die chemischen Einzelheiten brauchen uns nicht näher zu interessieren. Aquaristisch wichtig ist nur die Kenntnis, daß aus Nitrat (NO_3^-) über Nitrit (NO_2^-) gasförmiger Stickstoff (N_2) gebildet wird; dieser entweicht in die Luft, die ohnehin zu etwa 80 % aus Stickstoff besteht. Und so wird das Nitrat entfernt ohne den Milieuschock, wie er beim Wasserwechsel mehr oder weniger unvermeidlich ist. Eine geradezu ideale Lösung!

Denitrifikationsprozesse laufen ab mit Hilfe einer besonderen Bakterienfamilie und erfordern ein sauerstoffarmes Milieu. Sie können grundsätzlich im Bodengrund eines jeden Aquariums stattfinden, sind dort jedoch meist viel zu wenig effizient, um den Nitratgehalt im gesamten Aquarienwasser genügend zu senken. In besonderen Filtereinrichtungen aber lassen sich für die Denitrifikations-Bakterien ideale Bedingungen schaffen und damit eine wirksame Denitrifikation erzielen. Wichtig ist noch zu wissen, daß die Denitrifikations-Bakterien neben dem Nitrat noch besondere, organische Nährstoffe benötigen.

Im Zoofachhandel wird für die Denitrifikation ein spezielles Filtermaterial angeboten, das die notwendigen Nährstoffe gespeichert hat. Das Material wird in spezielle Filterbehälter eingefüllt und kann dort etwa sechs Monate wartungsfrei die Denitrifikation unterstützen; dann muß es gewechselt werden. Außerdem bietet der Zoofachhandel besonders konstruierte Filter an, die, bei regelmäßiger Zugabe von Nährstoffen für die Denitrifikations-Bakterien, zeitlich unbegrenzt denitrifizieren können.

Der Nitratgehalt des Aquarienwassers läßt sich leicht bestimmen mit Hilfe von Tauchstäbchen. Sie werden für einige Sekunden in das Wasser gehalten und dann die Reaktionszone mit einer Farbskala verglichen. Allerdings lassen sich nur relativ grobe, aber doch ausreichende Stufen ablesen. Genauer messende Testsets sind zwar erhältlich, aber oft umständlich zu handhaben und werden nur von wenigen Herstellern im Zoofachhandel angeboten. Alle Nitrattests, einschließlich der Tauchstäbchen, müssen gut verschlossen und möglichst kühl aufbewahrt werden, sonst verderben sie rasch.

nium, Nitrit und (als Endstufe) Nitrat.

● Ammonium kann sich – je nach pH-Wert – umwandeln in giftiges Ammoniak. Durch Bakterien wird es umgewandelt in Nitrit.
● Nitrit kann sich gefährlich anhäufen, wenn z.B. der Filter neu ist oder wenn zu viele Fische im Aquarium gehalten werden. Bakterien wandeln es um in Nitrat.
● Nitrat ist relativ ungefährlich. Es läßt sich entfernen durch Wasserwechsel oder Denitrifikation.

pH-Wert

Der pH-Wert kennzeichnet den Gehalt des Wassers an Säuren und Basen. Dabei wird jedoch nicht im einzelnen unterschieden nach Art und Menge der Komponenten, sondern das Kräfteverhältnis aller beteiligten Säuren und Basen zueinander beschrieben. So zum Beispiel kann eine große Menge einer schwachen Säure, etwa der Kohlensäure, eine ähnliche Wirkung auf den pH-Wert aus-

Das Wichtigste über

Stickstoff:

● Stickstoffverbindungen gelangen in das Aquarium durch das (notwendige) Eiweiß im Fischfutter.
● Stickstoffverbindungen werden durch Bakterien zerlegt. Dabei entstehen unter anderem: Ammo-

Oben: Dieses klare Flüßchen in Südthailand führt sehr weiches Wasser (etwa 1 °dGH). Der grüne Pflanzenteppich unter Wasser besteht aus dekorativen Cryptocorynen (*Cr. cordata*, Typ *blassii*). Diese in der Hand gehaltene prächtige *Barclaya longifolia* ist 60 cm lang.

Unten: *Cryptocoryne cordata* (wie im Bild oben) kann auch in gepflegtem Aquarienwasser prächtig gedeihen. Ihre roten Blattunterseiten leuchten dekorativ hervor.

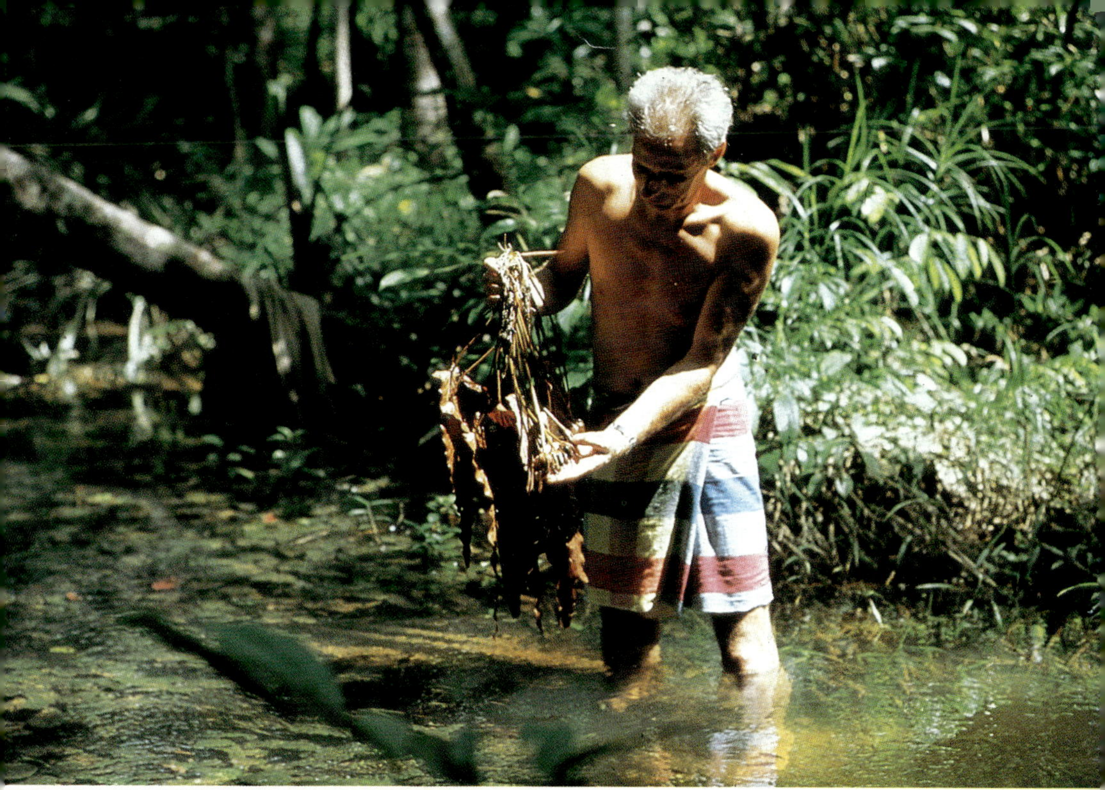

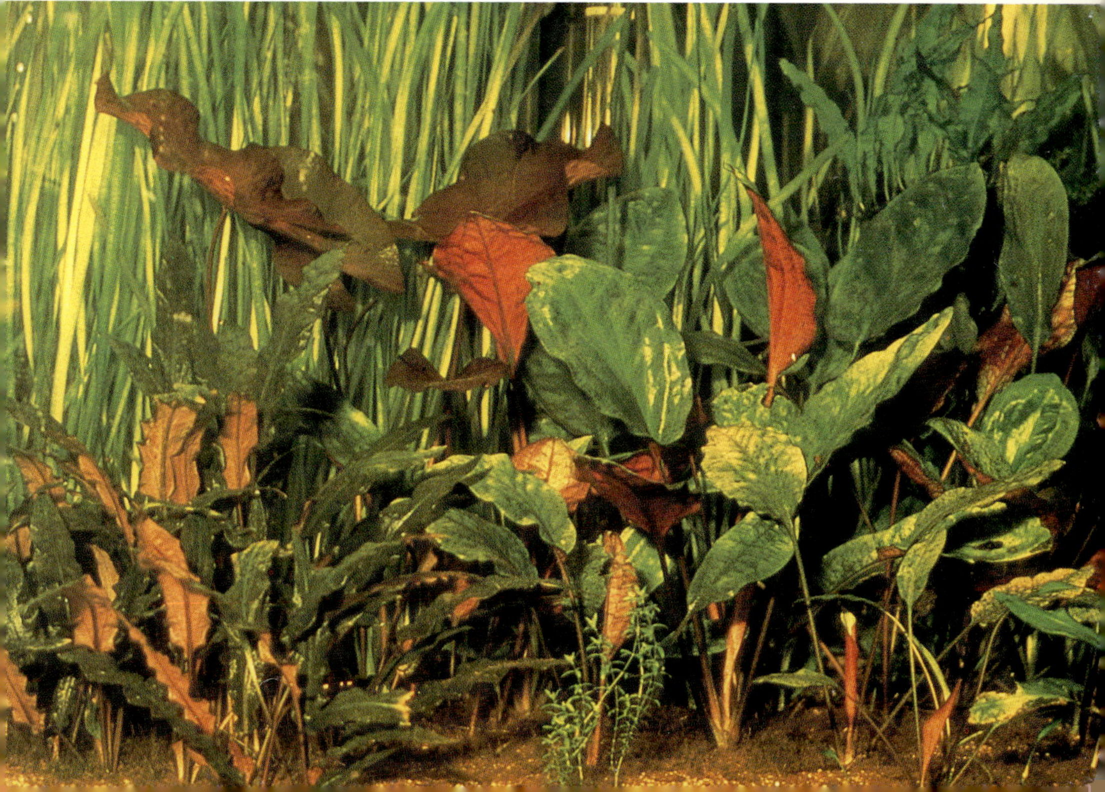

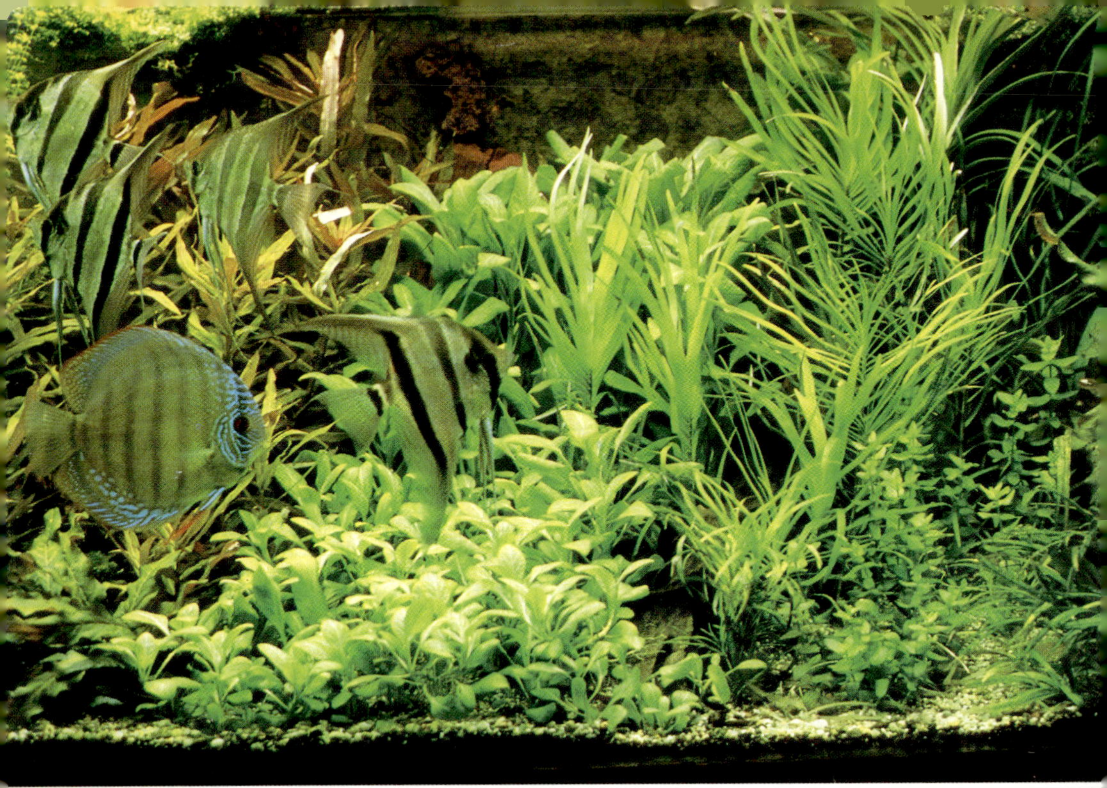

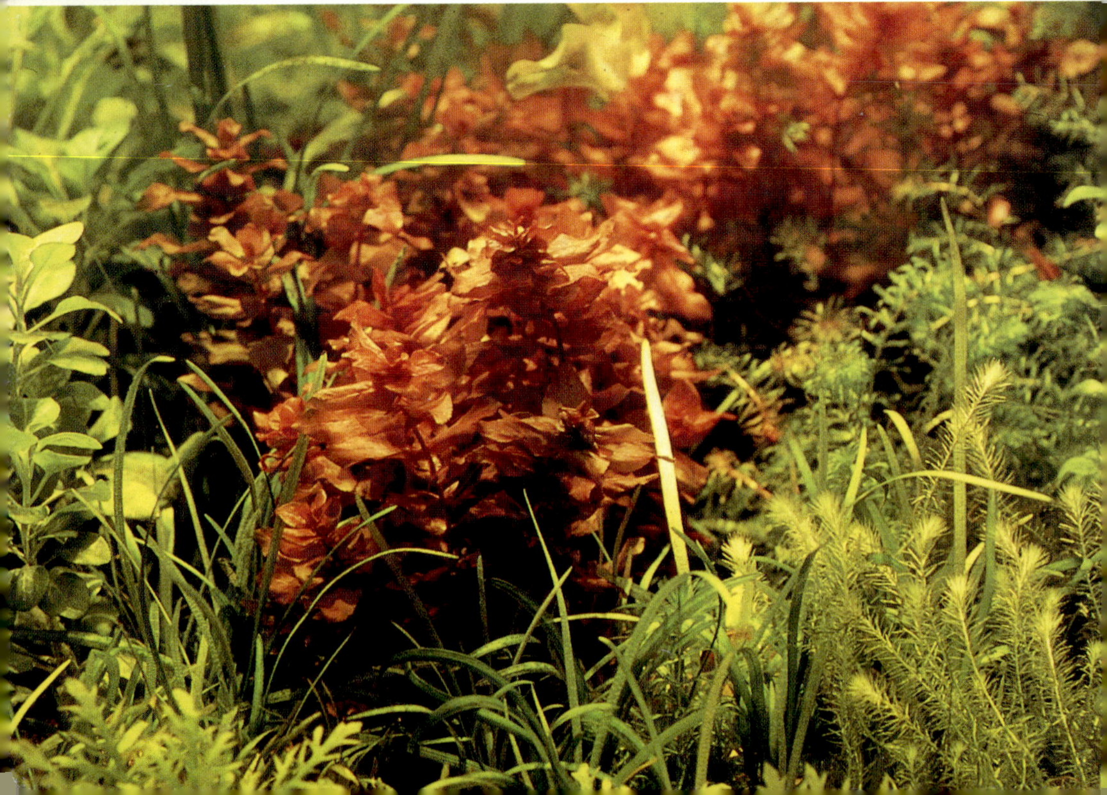

üben wie nur wenige Tropfen einer starken Säure, etwa der Salzsäure. Sinngemäß gilt das gleiche für die Basen. Die wässrigen Lösungen der Basen nennt man auch Laugen.

Die pH-Skala erstreckt sich von pH 0 bis pH 14. Ist das Kräfteverhältnis der Säuren und Basen im Wasser ausgewogen, so liegt der pH-Wert in der Mitte der Skala, er beträgt also 7. Überwiegen die Säuren, so rutscht der pH-Wert tiefer. Überwiegen dagegen die Basen, so steigt der pH-Wert über 7 (siehe Abbildung).

Es ist sehr wichtig zu wissen, daß die pH-Skala logarithmisch verläuft; das heißt, jede Stufe in der pH-Skala bedeutet den Faktor 10. Hier ein Beispiel: Ein Wasser mit pH 5 enthält zehnmal so viel Säuren wie ein solches mit pH 6; und dieses wiederum zehnmal so viel Säuren wie ein Wasser mit pH 7! Und so wird verständlich, daß eine Änderung des pH-Wertes um nur eine einzige Stufe schon ganz erheblichen Streß für die Aquarienbewohner bedeutet.

In natürlichen Gewässern wie auch im Aquarienwasser wird der pH-Wert hauptsächlich durch zwei Komponenten bestimmt: die Kohlensäure und die

Oben: Aquarien mit gut wachsenden Pflanzen sind wahre Fischparadiese! In diesem Becken laichen regelmäßig Skalare und Diskus.

Unten: Dieses Wasser ist gut gepflegt! Hier gedeihen die dekorativ rote *Rotala macranda* und die sehr schwierig zu pflegende *Mayaca fluviatilis*, deren Aussehen an Tannenwedel erinnert.

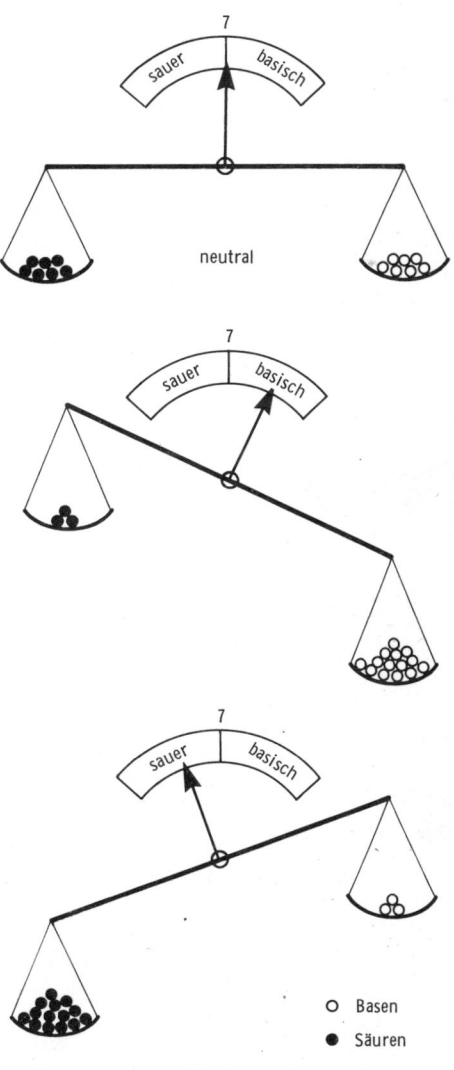

Der pH-Wert wird stets vom Kräfteverhältnis der Säuren und Basen bestimmt.

pH-Wert

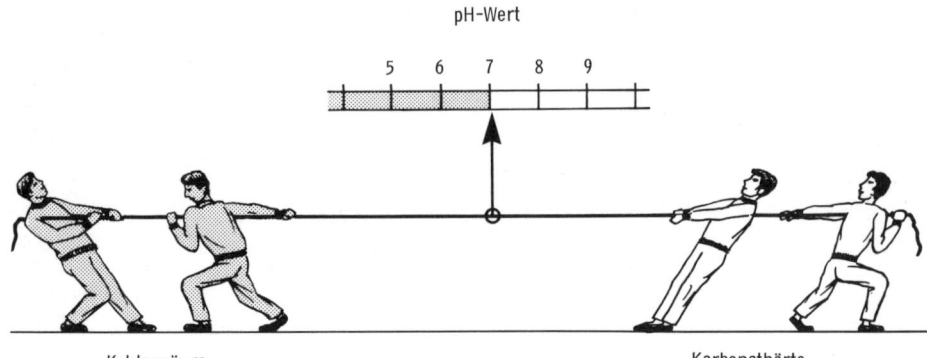

pH-Wert

5 6 7 8 9

Kohlensäure   Karbonathärte

Bildner der Karbonathärte. Die Abbildung veranschaulicht das. Wässer mit hoher Karbonathärte und geringem Kohlensäuregehalt haben regelmäßig einen hohen pH-Wert. Umgekehrt aber haben weiche Wässer mit hohem Kohlensäuregehalt einen niedrigen pH-Wert. So wird verständlich, daß der pH-Wert allein nur wenig aussagt.

In Ausnahmefällen kommt noch eine andere wesentliche Säurekomponente hinzu, und zwar die sogenannten Huminsäuren; sie sind beispielsweise im Torf enthalten. Wenn das Aquarienwasser über Torf gefiltert wird, gelangen die Huminsäuren ins Wasser und säuern es an. Auch manche Gewässer in der Natur enthalten größere Mengen an Huminsäuren. Hierzu zählen z. B. die Moorwässer und die sogenannten Schwarzwässer. Insbesondere in den Tropen gibt es eine Reihe von Schwarzwasserflüssen; der wohl bekannteste fließt durch Amazonien und heißt Rio Negro (»schwarzer Fluß«). Wie das Bild auf Seite 18 zeigt, trägt er seinen Namen nicht zu Unrecht:

Im Aquarienwasser hängt der pH-Wert hauptsächlich ab vom Verhältnis des Kohlensäuregehaltes zur Karbonathärte.

Der hohe Gehalt an Huminsäuren und -stoffen gibt seinem Wasser eine dunkelbraune, teeartige Farbe und verwehrt den Blick in größere Tiefen. Obwohl das Wasser hier so gut wie keine Kohlensäure enthält, ist es wegen seines hohen Gehaltes an Huminsäuren relativ sauer (etwa pH 4).

Oft wird angenommen, daß weiches und saures Wasser grundsätzlich das ideale Aquarienwasser sei. Das stimmt nicht! Es kommt ganz auf die Herkunft der zu pflegenden Fische an oder, genauer gesagt, auf die Zusammensetzung ihrer Heimatgewässer. Der überwiegende Teil unserer Aquarienfische ist gewöhnt an mittlere Härtegrade sowie an einen pH-Wert zwischen 6 und 8. Schwierig zu züchtende Fische verlangen natürlich eine ähnliche Wasserzusammensetzung wie in ihren Heimatgewässern, unter denen es selbstverständlich auch weiche und saure Wässer gibt. Aber weiche und saure Wässer sind auch in den Tropen durchaus nicht die Regel.

Häufig wird das Aquarienwasser total verdorben bei dem Versuch, es durch säuernde Zusätze »gewaltsam« sauer zu machen. Dabei wird vergessen, daß der pH-Wert ein Summenmerkmal ist und keinerlei Auskunft über die tatsächliche Zusammensetzung des Wassers gibt. Zwar läßt sich der pH-Wert eines jeden Aquarienwassers durch säuernde Zusätze aus der Flasche oder Tüte auf genau denselben pH-Wert bringen, wie ihn z.B. der Rote Neon aus seiner Heimat kennt; aber damit bekommt das Aquarienwasser keineswegs dieselbe Zusammensetzung, wie sie dieser Fisch gewohnt ist und braucht!

Deshalb sollte der pH-Wert im Aquarienwasser grundsätzlich mit den gleichen Mitteln eingestellt werden, wie es auch in der Natur geschieht, nämlich durch die Höhe der Karbonathärte und den Gehalt an Kohlensäure bzw. Kohlendioxid! Oder andersherum ausgedrückt: Stellt man die Karbonathärte und den CO_2-Gehalt entsprechend den natürlichen Bedingungen ein, so erhält man in der Regel automatisch auch genau den richtigen pH-Wert!

Wer den pH-Wert unbedingt stärker senken will, kann über Torf filtern. Dadurch wird die Härte gesenkt, und zugleich säuern die abgegebenen Huminstoffe das Wasser an. Doch sollte dies nur in Grenzen geschehen; es sei daran erinnert, daß huminstoffreiche Gewässer keineswegs besonders lebensfreundlich sind! Unsere Moorgewässer wie auch die Schwarzwässer in den Tropen sind relativ dünn besiedelt, es leben nur sehr wenige und besonders spezialisierte Pflanzen und Tiere darin. Und viele Aquarienfische, die allgemein als typische Fische des Schwarzwassers angesehen werden, stammen überhaupt nicht aus Schwarzwasserflüssen, sondern aus einem ihrer zahl- und namenlosen Seitenflüßchen mit völlig klarem Wasser! (Siehe Abbildungen auf Seite 18.)

Der pH-Wert läßt sich sehr einfach und hinreichend genau mit flüssigen Farbindikatoren messen. Geeignete Tropftests mit Farbskala werden im Zoofachhandel von verschiedenen Herstellern angeboten. Absolut ungeeignet ist pH-Testpapier, es hat viel zu große Meßfehler.

Wer genauer messen will, muß zu einem elektrischen pH-Meter greifen; allerdings ist es nicht gerade billig. Außerdem muß man es regelmäßig kontrollieren mit pH-Vergleichslösungen und nötigenfalls nachstellen. Die Meßelektrode verschleißt und muß nach einiger Zeit ersetzt werden. Für die normale Aquarienpraxis lohnt sich die Anschaffung nur selten.

Wenn Pflanzen im Aquarium wachsen, so schwankt der pH-Wert im Tagesrhythmus. Die Ursache liegt darin, daß die Pflanzen nur tagsüber Kohlendioxid aufnehmen und deshalb der Kohlensäuregehalt schwankt (der Unterschied zwischen Kohlensäure und -dioxid wird im Kapitel »Kohlendioxid« erläutert). Der pH-Wert ist morgens deutlich niedriger als abends. Die Höhe der Schwankungen hängt ab von der Pflanzenmasse bzw. deren Aktivität sowie von der Karbonathärte. Letztere wirkt als pH-Puffer: Je höher die Karbonathärte ist, desto geringer sind die pH-Schwankungen.

Das Wichtigste über den

pH-Wert:

● Der pH-Wert ist ein Summenmerkmal. Er ist kein Maß für Art oder Menge der Säuren und Basen.
● Der pH-Wert des Aquarienwassers wird hauptsächlich bestimmt von der Kohlensäure und der Karbonathärte.

Sauerstoff

Um Irrtümern gleich vorzubeugen: Der Sauerstoff ist nicht säuerlich und verändert auch nicht den pH-Wert, wie sein Name vermuten läßt. Sauerstoff ist ein geschmack- und geruchloses Gas, das zu rund 21 % in unserer Luft enthalten ist; seine chemische Formel ist O_2. Sauerstoff wird von fast allen Lebewesen zur Atmung benötigt.

Im Aquarium wird der Sauerstoff nicht nur von Fischen verbraucht, sondern z. B. auch von den Filterbakterien und den Pflanzen. Doch gesunde Pflanzen liefern tagsüber bei der Fotosynthese Sauerstoff, und zwar ein Mehrfaches von dem, was sie im Verlaufe von 24 Stunden verbrauchen.

Zwischen dem Aquarienwasser und der Luft findet ständig ein reger Gasaustausch statt; dabei strebt der Sauerstoffgehalt im Wasser einem Gleichgewichtswert zu (wie es andere Gase auch tun). Läßt man z. B. eine Schüssel mit Wasser offen an der Luft herumstehen, so stellt sich darin allmählich ein Sauerstoffgehalt von ungefähr 9 mg/l ein. Dabei spielt es keine Rolle, ob zu Beginn mehr oder weniger Sauerstoff im Wasser vorhanden war; war es weniger, dann dringt aus der Luft zusätzlicher Sauerstoff so lange hinein, bis das Gleichgewicht von etwa 9 mg/l erreicht ist; falls mehr Sauerstoff vorhanden war, wird der Überschuß allmählich an die Luft abgegeben.

In reinen Fischaquarien kann es bei höherer Besatzdichte zu einem akuten Mangel an Sauerstoff kommen. Die Fische kommen dann an die Oberfläche und schnappen dort nach Luft; das ist bei ungefähr 1–2 mg/l O_2 der Fall. Diese sogenannte »Notatmung« verübeln die Fische nicht, wenn man umgehend wieder für ausreichend Sauerstoff im Wasser sorgt. Man kann zum Beispiel das Wasser mit einer Luftpumpe und einem Sprudelstein belüften. Oder man benutzt eine Kreiselpumpe und bewegt kräftig das Wasser und seine Oberfläche, um den Gasaustausch mit der Luft zu unterstützen. Bei ausreichender Belüftung oder Umwälzung steigt der Sauerstoffgehalt im Wasser dann rasch auf etwa 9 mg/l an.

In gut bepflanzten Aquarien aber ist Sauerstoffmangel sehr selten. Bei starker Beleuchtung kann es sogar passieren, daß der Sauerstoffgehalt im Wasser deutlich über den Gleichgewichtswert von 9 mg/l ansteigt.

Sauerstoff

Der Sauerstoff spielt eine zentrale Rolle im Aquarienwasser. Er ist für die Atmung aller Lebewesen unentbehrlich; außerdem verbindet er sich leicht mit vielen anderen Stoffen, wobei er deren Eigenschaften wesentlich verändert. So wird zum Beispiel die Lösungsfähigkeit vieler Stoffe durch den Sauerstoff beeinflußt. Das ist nicht nur beim Eisen der Fall (siehe dort), sondern auch bei vielen anderen Nährstoffen und Spurenelementen. Meistens werden sie bei höherem Sauerstoffgehalt wasserunlöslich, sie fallen dann aus und können von den Pflanzen nicht mehr als Nahrung aufgenommen werden. Und so kann es passieren, daß Aquarienpflanzen »verhungern«, weil die benötigten Nährstoffe und Spurenelemente im Aquarium zwar existieren, aber trotzdem – weil wasserunlöslich – für die Pflanzen nicht erreichbar sind.

Hieraus erklärt sich auch, warum in Aquarien mit intensiver Wasserbewegung oft der Pflanzenwuchs stockt: Dadurch wird nicht nur das dringend benötigte Kohlendioxid ausgetrieben, sondern auch das Wasser mit zu viel Sauerstoff angereichert, der dann viele wichtige Pflanzennährstoffe blockieren kann. Wer Probleme mit dem Pflanzenwuchs hat, sollte unbedingt den Sauerstoffgehalt kontrollieren und sicherstellen, daß er nicht zu hoch ist. Untersuchungen über viele Jahre ergaben, daß in Aquarien mit besonders gutwüchsigem Pflanzenbestand der Sauerstoffgehalt in der Regel nicht höher war als 5–7 mg/l (abends gemessen). Ein typisches Beispiel hierfür zeigt die Abbildung auf Seite 38.

Ein zu hoher Sauerstoffgehalt läßt sich herabsetzen, indem man zum Beispiel das Filterwasser nicht von oben auf die Wasseroberfläche plätschern läßt, sondern den Filterauslauf etwa eine Handbreit unter Wasser anbringt; so wird weniger Luftsauerstoff in das Aquarienwasser eingetragen. Oder man erhöht den Verbrauch an Sauerstoff, indem mehr Fische in das Aquarium gesetzt werden.

Als sehr nützlich hat es sich erwiesen, an einem Tag in der Woche die Beleuchtung nur kurze Zeit oder sogar überhaupt nicht einzuschalten; auch in der Natur gibt es mal schlechtes Wetter, und die Sonne scheint nicht jeden Tag! Es ist erstaunlich, wie die Aquarienpflanzen nach einem solchen künstlichen »Schlechtwettertag« sichtlich erholt aussehen und besser weiterwachsen. Ob die Wuchsanregung nur durch den dabei verringerten Sauerstoffgehalt erfolgt oder wie weit auch andere Faktoren daran beteiligt sind, ist noch nicht geklärt.

Daß der Sauerstoff wichtige Pflanzennährstoffe blockiert, läßt sich in gewissen Grenzen vermeiden durch die Zugabe von sogenannten Chelatoren oder chelatisierten Nährstoffen. Doch leider werden die Chelatoren, die man auch Nährstoffträger nennt, allmählich von den Filterbakterien zerstört und dadurch mit der Zeit wirkungslos. Da hilft nur Nachdosieren. Das ist leichter gesagt als getan, denn ein Zuviel kann wiederum schaden. Leider gibt es keine einfachen Tests, mit denen man feststellen kann, wie hoch der Gehalt an Chelatoren im Wasser tatsächlich ist. Am besten und sichersten verfährt man deshalb so: Nachdosiert wird nur bei jedem Teilwasserwechsel, und zwar entsprechend der ausgetauschten Wassermenge. Wenn z.B. bei einem 100-Liter-Aquarium etwa 20 Liter Wasser gewechselt werden, so gibt man die vom Hersteller für 20 Liter Wasser angegebene Menge hinzu; so ist es leicht, für einen genügenden Gehalt an Chelatoren zu sorgen und zugleich Anhäufungen zu vermeiden. Zweckmäßig benutzt man die im Zoofachhandel erhältlichen »Frischwasserzusätze«; sie enthalten neben anderen Wirkstoffen meist auch Chelatoren.

Mitunter hört man die Ansicht: Je höher der Sauerstoffgehalt im Aquarienwasser, desto besser; und im Interesse der Fische könne der Sauerstoffgehalt niemals zu hoch sein! – Das ist falsch. Zum einen wurde schon gezeigt, daß bei höherem Sauerstoffgehalt der Pflanzenwuchs gefährdet ist, und zum anderen gilt für die Fische auch hier: Jeder Fisch fühlt sich am wohlsten unter genau den Bedingungen, wie er sie aus seinem Heimatgewässer gewohnt ist! Unsere Aquarienfische stammen fast alle aus tropischen Gewässern mit einem Sauerstoffgehalt von ungefähr drei bis sieben Milligramm pro Liter. Nur in seltenen Ausnahmen findet man höhere Gehalte, z.B. in schnellfließenden, flachen Bächen mit wenigen darauf spezialisierten Fischarten. Häufiger dagegen liegt der Sauerstoffgehalt sogar unter 3 mg/l, zum Beispiel in Quellregionen und stehenden Tümpeln. So kommt es, daß die meisten unserer Aquarienfische an relativ geringe Sauerstoffgehalte gewöhnt sind und von Natur aus daran voll angepaßt sind. Ein Mehr muß nicht zwangsläufig das Bessere sein; so würde uns z.B. kein Mediziner empfehlen, unsere tägliche Atemluft anzureichern von den gewohnten 21% Sauerstoff auf beispielsweise 30%.

Zum Messen des Sauerstoffgehaltes werden im Zoofachhandel nur wenige Testsets angeboten. Leider läßt sich die Messung nicht so einfach durchführen wie zum Beispiel eine pH-Messung. Es müssen jedesmal drei bis vier Tropfflaschen nacheinander benutzt werden. Außerdem muß die Wasserprobe zwischendurch luftdicht verschlossen werden und einige Zeit abstehen. Das alles macht die Sauerstoffmessung etwas umständlich. Doch sollte das nicht abschrecken, denn die Kontrolle des Sauerstoffgehaltes zählt zu den wichtigsten Messungen in der Aquaristik überhaupt! Der Sauerstoff beeinflußt, ähnlich wie der pH-Wert, den gesamten Stoffhaushalt im Aquarium!

Der Sauerstoffgehalt läßt sich auch sehr bequem auf elektrischem Wege messen. Das dauert nur 15 Sekunden und gelingt mit 0,1 mg/l Genauigkeit. Allerdings sind solche Geräte sehr teuer, außerdem muß man nach einigen Monaten die Meßelektrode regenerieren. Der Kauf eines elektrischen O_2-Meßgerätes ist grundsätzlich zu empfehlen, aber letztlich eine Frage des Geldbeutels.

In bepflanzten Aquarien schwankt der Sauerstoffgehalt im Tag-Nacht-Rhythmus, denn alle Pflanzen können nur tagsüber während der Lichtperiode fotosynthetisieren und dabei Sauerstoff erzeugen. Bei der Beurteilung des Sauerstoffgehaltes muß man daher berücksichtigen, zu welcher Tageszeit gemessen worden ist; es ist biologisch ein großer Unterschied, ob z. B. 5 mg/l O_2 abends oder morgens gemessen werden!

Abschließend sei noch ein weit verbreiteter Irrtum erwähnt. Gelegentlich kann man beobachten, daß von den Blättern der Aquarienpflanzen feine Gasbläschen wie Perlenschnüre aufsteigen. Das ist **kein** Beweis dafür, daß das Wasser etwa mit Sauerstoff »gesättigt« ist! Also kein Beweis dafür, daß das Wasser keinen Sauerstoff mehr aufnehmen könnte oder beispielsweise 10 mg/l O_2 oder mehr enthält! Es ist vielmehr eine Störung im Gasaustausch der Pflanzen, denn normalerweise geben die Wasserpflanzen ihren Sauerstoff derart feinverteilt ab, daß keine Bläschen sichtbar werden können. Der Gasbläscheneffekt kann nachweislich bei beliebig niedrigem oder hohem Sauerstoffgehalt im Wasser auftreten!

Das Wichtigste über

Sauerstoff:

- Die Messung des Sauerstoffgehaltes zählt zu den wichtigsten Messungen überhaupt.
- Der Sauerstoffgehalt hat einen außerordentlichen großen Einfluß auf den Stoffhaushalt im Aquarium.
- Der Sauerstoffgehalt im Wasser tendiert zu einem Wert von etwa 9 mg/l (bei 20 °C).

- Ein hoher Sauerstoffgehalt kann wichtige Nährstoffe und Spurenelemente blockieren.
- In Pflanzenaquarien sollte der Sauerstoffgehalt etwa 5 – 7 mg/l nicht übersteigen.

Kohlendioxid

Das Kohlendioxid ist ein Gas, das in der normalen Luft zu etwa 0,03 Vol.-% enthalten ist. Seine chemische Formel lautet CO_2. Es wird manchmal auch als Kohlensäure bezeichnet, doch ist dies nicht ganz korrekt, denn Kohlensäure entsteht erst durch die Reaktion von Kohlendioxid mit Wasser:

$$CO_2 \quad + \quad H_2O \quad \rightarrow \quad H_2CO_3$$

Kohlendioxid + Wasser $\rightarrow$ Kohlensäure

Da nur ein verschwindend geringer Teil von etwa 0,1 % des CO_2 reagiert und H_2CO_3 bildet, spricht man grundsätzlich besser von Kohlendioxid.

Wie im Kapitel »Karbonathärte« beschrieben, ist je nach Höhe der Karbonathärte ein Mindestgehalt an Kohlendioxid erforderlich, um das Ausfallen der KH-Bildner als Kalk zu verhindern. Leider werden in diesem Zusammenhang häufig Begriffe benutzt, wie z. B. freie, zugehörige, aggressive, gebundene oder überschüssige Kohlensäure. Diese Namen stammen größtenteils aus älterer Chemieliteratur oder aus dem technischen Wasserbau. Sie sind aquaristisch absolut wertlos, weil sich weder Tier noch Pflanze darum kümmern! So zum Beispiel verbrauchen Pflanzen nicht nur das »freie« Kohlendioxid, sondern schlichtweg alles, was nach CO_2 aussieht ohne Rücksicht auf die strenge Einteilung der Wassertechniker. Ebenso aquaristisch wertlos sind Gleichgewichtstabellen über den Zusammenhang zwischen Karbonathärte und »zugehörigem« CO_2. Sie stimmen nur für reines Trinkwasser, niemals aber für Aquarienwasser. Dieses verhält sich u. a. wegen seines Gehaltes an organischen Stoffen völlig anders!

Kohlendioxid wird von allen Tieren mit der Atemluft abgegeben. Die von uns ausgeatmete Luft enthält etwa 4 Vol.-% CO_2. Auch die Fische geben ständig Kohlendioxid ab. So z. B. der Rote Neon *(Paracheirodon axelrodi)* etwa 8–10 mg CO_2 pro Tag. Größere Fische liefern natürlich mehr.

Das Kohlendioxid im Aquarienwasser entweicht zum Teil in die Luft, und zum Teil wird es von den Aquarienpflanzen aufgenommen. Pflanzen verbrauchen das Kohlendioxid bei der Fotosynthese und geben dafür Sauerstoff ab, den wiederum die Fische zur Atmung benötigen. So könnte man beinahe von einem sich gegenseitig ergänzenden Biosystem sprechen, das weiter keiner Aufmerksamkeit bedarf. Das trifft aber nur selten zu.

Nicht nur Tiere, sondern auch Pflanzen atmen ständig; das heißt, auch Pflanzen geben Kohlendioxid ab! Tagsüber allerdings merkt man nichts davon, denn während der Beleuchtungszeit verbrauchen die Pflanzen viel mehr CO_2 als sie

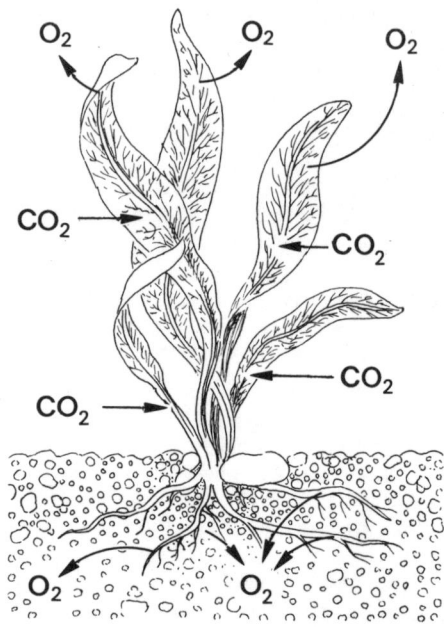

Das Kohlendioxid (CO_2) ist der wichtigste Nährstoff für die Pflanzen; sie verwenden ihn bei der Fotosynthese, wobei auch Sauerstoff entsteht. Den überschüssigen Sauerstoff geben sie ab, und zwar über die Blätter und die Wurzeln.

selbst abgeben. Und so betrachtet man vereinfacht alle Pflanzen als Kohlendioxidverbraucher und Sauerstoffspender.

In der Aquarienpraxis muß man hinsichtlich des CO_2-Haushaltes unterscheiden: das reine Fischaquarium und das bepflanzte Aquarium. Werden nur Fische gepflegt, so braucht man sich um das Kohlendioxid tatsächlich keine Gedanken zu machen. Duch Belüftung mittels Luftpumpe und Sprudelstein oder mit einer kräftigen Wasserumwälzung sorgt man einfach dafür, daß alles anfallende Kohlendioxid sogleich nach außen an die Luft abgegeben wird. Dann stellt sich im Aquarienwasser ein ziemlich konstanter Gehalt von etwa 0,5 mg/l CO_2 ein, der nicht weiter kontrolliert zu werden braucht. Allerdings muß man bei nicht ganz weichen Wässern mit Kalkablagerungen insbesondere am Beckenrand rechnen, weil höhere Karbonathärten einen höheren Gehalt an CO_2 verlangen.

Für bepflanzte Aquarien ist ein Gehalt von nur 0,5 mg/l Kohlendioxid viel zu gering. Die Aquarienpflanzen würden unter CO_2-Mangel leiden und viele von ihnen zur Verwertung von Hydrogencarbonaten, also den KH-Bildnern, gezwungen werden. Die Folgen wären: sinkende Karbonathärte, ein weißgrauer Kalkbelag auf den Blättern und kümmernde Aquarienpflanzen! Siehe auch im Kapitel »Karbonathärte«.

In bepflanzten Aquarien sollte der Kohlendioxidgehalt etwa 10–40 mg/l betragen. Dieser Gehalt stellt sich nur selten von selbst ein, weil das von den Fischen abgegebene Kohlendioxid aus dem Wasser zu leicht in die Luft entweicht. In den meisten Aquarien muß daher das Wasser mit Kohlendioxid aufgedüngt werden. Wie man das macht, ist im Kapitel »Düngen mit Kohlendioxid« genau beschrieben.

Kohlendioxid wird vielfach als gefährliches Gift angesehen. Wenn das zuträfe, würde uns jedes CO_2-haltige Brausegetränk schlecht bekommen! – Versuche zeigten, daß die üblichen Aquarienfische auch bei über 100 mg/l CO_2 nicht auffällig reagieren. Auch bei meinen Untersuchungen an üppigen Pflanzenbiotopen in den Tropen erlebe ich es immer wieder, daß neugierige Fische geradezu schwarmweise herankommen und sich auch in Quellregionen mit sehr hoher CO_2-Konzentration freiwillig aufhalten.

Für die Aquarienpraxis sehe ich als obere Grenze etwa 60 mg/l Kohlendioxid an. Der Pflanzenwuchs läßt sich nicht beliebig steigern durch extreme CO_2-Düngung, außerdem wachsen die CO_2-Verluste bei hohen Konzentrationen erheblich. Sollte der Kohlendioxidgehalt ausnahmsweise einmal zu hoch sein, kann man den Überschuß durch kräftige Wasserbewegung leicht heraustreiben.

Zum Messen des Kohlendioxidgehaltes sind Tropfreagenzien im Zoofachhandel erhältlich. Die meisten sind nur kurze Zeit haltbar, weil die Reagenzien auch mit dem Kohlendioxid in der Luft reagieren. Deshalb müssen die Tropfflaschen nach Gebrauch sofort wieder fest verschlossen werden. Spätestens 6 Monate nach dem ersten Öffnen der Flaschen sollte ein neuer CO_2-Test gekauft werden. Verdorbene Reagenzien zeigen viel mehr Kohlendioxid an, als tatsächlich vorhanden ist.

Oft ist es verläßlicher, wenn man den CO_2-Gehalt indirekt bestimmt, und zwar durch Messen von pH-Wert und Karbonathärte. Wie im Kapitelanfang gezeigt, reagieren etwa 0,1 % des Kohlendioxides mit dem Wasser zu Kohlensäure. Je mehr Kohlendioxid im Wasser gelöst ist,

Kohlendioxidgehalt in mg/l (gerundet) bei 25 °C

°dKH	pH-Wert						
	6,6	6,8	7,0	7,2	7,4	7,6	7,8
2	**16**	**10**	7	4	3	2	1
4	**32**	**20**	**13**	8	5	3	2
6	50	**30**	**20**	**12**	8	5	3
8	65	**40**	**25**	**15**	**10**	6	4
10	80	50	**32**	**20**	**13**	8	5
12	100	60	**40**	**25**	**15**	**10**	6
14	115	70	45	**28**	**18**	**11**	7
16	130	80	50	**30**	**20**	**12**	8
18	145	90	58	**35**	**23**	**14**	9
20	160	100	65	**40**	**25**	**16**	**10**

Beispiel: Es wurden gemessen 12 °dKH und pH 7,2. Dann enthält das Aquarienwasser etwa 25 mg/l CO_2.

Die fetten Zahlen kennzeichnen den für Pflanzen-Aquarien empfohlenen Bereich von 10 – 40 mg/l CO_2.

desto mehr ist auch als Kohlensäure vorhanden, und desto saurer wird der pH-Wert. Es genügt aber nicht, allein nur den pH-Wert zu messen, denn die Bildner der Karbonathärte beeinflussen ebenfalls erheblich den pH-Wert. Deshalb muß man beide Größen messen und kann dann in der Tabelle das Ergebnis für den CO_2-Gehalt ablesen.

Im richtig gepflegten Aquarienwasser ändert sich die Karbonathärte (KH) nicht oder nur wenig. Normalerweise braucht man also die KH nur einmal zu messen; den Wert notiert man sich. Später genügt allein das Messen des pH-Wertes, und man kann dann gleich in der Tabelle den Gehalt an Kohlendioxid ablesen. Empfehlenswert ist ein pH-Dauerindikator, er gibt sofort auf einen Blick Auskunft über den pH-Wert (Abb. S. 17).

Die Pflanzen nehmen Kohlendioxid nur tagsüber während der Lichtperiode auf. Deshalb schwankt der CO_2-Gehalt im Tagesrhythmus, er ist morgens höher als abends. Das muß bei der Beurteilung des Meßergebnisses berücksichtigt werden; deshalb notiert man im Meßprotokoll auch die Uhrzeit.

Das Wichtigste über

Kohlendioxid:

● Bei akutem Mangel an Kohlendioxid kann ein Teil der Härtebildner als Kalk ausfallen.
● In stark belüfteten Wässern stellt sich der CO_2-Gehalt auf etwa 0,5 mg/l CO_2 ein.

- Nicht nur Fische, sondern auch Pflanzen atmen und geben Kohlendioxid ab.
- In bepflanzten Aquarien mangelt es sehr oft an CO_2, es sollten etwa 10 – 40 mg/l vorhanden sein.
- Der CO_2-Gehalt sollte 60 mg/l nicht übersteigen.
- Meßreagenzien für Kohlendioxid verderben leicht; die indirekte Messung ist meist verläßlicher.

Eisen

Das Eisen, chemisches Zeichen Fe, ist ein sehr wichtiges Spurenelement im Aquarium; sowohl die Fische wie auch die Pflanzen benötigen es dringend. Fische brauchen Eisen, um z. B. ihren roten Blutfarbstoff »Hämoglobin« zu produzieren. Ohne diesen Farbstoff sieht das Blut nicht nur blaß aus, sondern es kann auch keinen Sauerstoff aufnehmen und im Körper transportieren. Mangelt es an Eisen, so leiden bald die Tiere – wie auch der Mensch – an Blutarmut. In der Regel aber nehmen die Fische zusammen mit ihrem Futter genügend Eisen auf, daher sind Fischerkrankungen wegen Eisenmangel selten.

Für die Pflanzen sieht es dagegen schon kritischer aus. Es kommt häufiger vor, daß Aquarienpflanzen nur noch kümmerlich wachsen und die neuen Blätter immer kleiner bleiben. Wenn außerdem die jungen Blätter nahezu weiß-farblos sind und sich nicht mehr grün einfärben, dann liegt mit großer Wahrscheinlichkeit akuter Eisenmangel vor. Ohne Eisen können die Pflanzen ihren lebens-

notwendigen grünen Blattfarbstoff »Chlorophyll« nicht mehr produzieren, und sie gehen schließlich ein. Die Eisenmangel-Krankheit der Pflanzen wird häufig auch als »Eisen-Chlorose« bezeichnet, weil die Blätter so aussehen, als seien sie durch Chlorgas ausgebleicht worden.

Im Aquarium sind Eisenmangel-Erkrankungen relativ häufig. Wie kommt das? Die Pflanzen nehmen ihre Nährstoffe aus dem Wasser auf. Das bedeutet, daß das Eisen im Wasser gelöst sein muß, sonst können es weder die Wurzeln noch die Blätter aufnehmen. Unglücklicherweise ist aber das Eisen recht labil; es kann in vielen verschiedenen chemischen Formen existieren, darunter auch in wasserunlöslichen Formen. So sind z. B. metallisches Eisen und auch Eisenrost wasserunlöslich. Zwar kann man z. B. den Eisenrost in einem Glas Wasser aufrühren, wobei sich das Wasser schmutzig-rot färbt, aber nach kurzer Zeit hat sich aller Rost wieder am Boden abgesetzt und ist nicht im Wasser gelöst.

Im Aquarium kann also nur wasserlösliches Eisen genutzt werden. Dieses hat aber leider die Eigenart, sich unter dem Einfluß des allgegenwärtigen Sauerstoffes leicht umzuwandeln in eine wasserunlösliche Form. Dann ist das Eisen von den Pflanzen nicht mehr verwertbar und sie leiden an Eisenmangel. Das kann trotz Zusatz eines einfachen Eisendüngers eintreten.

Dieses Problem ist seit längerem bekannt. Deshalb enthalten moderne Dünger für Aquarienpflanzen einen »Nährstoffträger«, Chelator oder Komplexbildner genannt. Eisen mit einem Chelator, z. B. der chemischen Verbindung EDTA, bleibt auch in Gegenwart von Sauerstoff lange Zeit stabil und damit für die Pflanzen erreichbar. Ein Chelator kann übrigens auch andere empfindliche Nährstoffe, wie z. B. das Mangan, pflanzenverfügbar halten.

Fische decken ihren Eisenbedarf hauptsächlich über das Futter. Deshalb braucht man auf den Eisengehalt im Aquarium nur zu achten, wenn man außer Fischen auch Pflanzen pflegen will. Dann sollte der Eisengehalt zwischen 0,03 und 0,10 mg/l Eisen liegen. Wesentlich höhere Eisengehalte fördern nicht den Pflanzenwuchs, sondern können eher schaden, weil dadurch die Pflanze bei der Aufnahme anderer Nährstoffe behindert werden kann.

Das Wichtigste über

Eisen:

● Pflanzen leiden oft unter Eisenmangel.
● Optimal sind 0,03 bis 0,10 mg/l Fe.
● Dünger mit »Nährstoffträger« benutzen.

Leitfähigkeit

Die im Wasser gelösten Stoffe sind überwiegend Salze, die in Ionenform vorliegen. Ionen sind elektrisch geladene Teilchen. Nach außen hin merkt man die elektrische Ladung nicht, weil im Wasser stets gleichviele Ionen mit positiven und negativen Ladungen vorhanden sind. Der aquaristisch interessante Effekt ist dabei, daß Ladungsträger, also Ionen, elektrischen Strom leiten können. Je mehr Ionen vorhanden sind, desto besser wird der Strom geleitet. So kann man aus der Leitfähigkeit des Wassers auf die Menge der darin gelösten Salze schließen!

Unter dem Begriff »Salz« versteht der Chemiker nicht nur das aus der Küche bekannte gewöhnliche Kochsalz, sondern eine sehr große Familie von Stoffen, zu denen zum Beispiel auch die Härtebildner gehören.

Ähnlich wie der pH-Wert ist auch die Leitfähigkeit nur ein Summenmerkmal. Rückschlüsse auf die Menge oder Art einzelner Salze im Wasser sind nicht möglich, denn jedes Salz hat seine eigene, typische Leitfähigkeit. Trotzdem erlaubt die Leitfähigkeit wertvolle Aussagen über das Wasser; und weil die Messung schnell und sehr einfach möglich ist, hat sie sich einen festen Platz in der Aquaristik erobert.

Die Analysen einer großen Anzahl von Binnengewässern in aller Welt haben ergeben, daß die meisten Süßwässer nach einem sehr ähnlichen Rezept zusammengesetzt sind. Zwar ist die Gesamtmenge der Salze sehr unterschiedlich, wie ja auch die Härte sehr verschieden sein kann, aber die Salzmischungen sind sich überraschend ähnlich. Die durchschnittliche Mischung bezeichnet man auch als »Standard-Ionenverhältnis«.

Die Gesamthärte stellt im allgemeinen etwa 75–80 Gew.-% aller Salze im Süßwasser. Deshalb kann man bei einem

Leitfähigkeit

Beurteilung der Süßwässer nach ihrer Leitfähigkeit	
< 10 µS/cm	extrem salzarm
10 – 30 µS/cm	sehr salzarm
30 – 100 µS/cm	salzarm
100 – 300 µS/cm	mittelsalzig
300 – 1000 µS/cm	salzreich
>1000 µS/cm	sehr salzreich
Meerwasser: 50.000 µS/cm	

Wasser mit hoher Leitfähigkeit getrost annehmen, daß es auch eine hohe Gesamthärte besitzt.

Die Messung der Leitfähigkeit reagiert so empfindlich, daß man sogar extrem weiche Wässer, bei denen die üblichen Härtebestimmungen versagen, noch sehr gut nach ihrem Gesamtsalzgehalt unterscheiden kann. Daher benutzt man den Leitfähigkeitsmesser auch gerne dazu, um die Qualität von destilliertem Wasser zu prüfen oder die Arbeitsweise von Ionenaustauschern (Entsalzern) zu überwachen.

Der Gesamtsalzgehalt hat eine große Bedeutung für das Quellverhalten aller Lebewesen im Wasser. Grundsätzlich kann reines Wasser in jede Körperzelle hineindringen oder auch aus ihr herauswandern. Ob und in welcher Richtung das Wasser durch die Wand der Zelle dringt, hängt ganz davon ab, wie hoch jeweils die Salzkonzentrationen innerhalb und außerhalb der Zelle sind. Wenn zum Beispiel außen die Konzentration geringer ist oder abnimmt, dann dringt Wasser in die Zelle hinein und versucht so, den Konzentrationsunterschied auszugleichen. Das eindringende Wasser erhöht den Druck in der Zelle, der sogar so hoch ansteigen kann, daß die Zelle platzt, was natürlich ihren Tod bedeutet. Ein eher harmloses, aber gut sichtbares Beispiel sind reife Kirschen, die im Regen aufplatzen.

Solche Wasserwanderungen durch die Zellwände hindurch nennt man Osmose. Die Osmose ist zum Beispiel auch dafür verantwortlich, daß kein Süßwasserfisch im Meerwasser leben kann, denn Meerwasser ist wesentlich salzreicher als das Süßwasser. Ein weiteres Beispiel ist, daß der Rote Neon aus den besonders salzarmen Klarwässern Amazoniens nicht im üblichen Leitungswasser laichen mag.

Es wird verständlich, daß letztlich jedes Umsetzen von Pflanzen oder Tieren in ein Wasser mit anderem Salzgehalt erheblichen Streß bedeutet, denn der Organismus muß sich erst an die osmotisch neue Umgebung anpassen. Das kann je nach Richtung der Konzentrationsänderung eine unterschiedliche Belastung sein. So zeigt die Erfahrung, daß Pflanzen sich problemlos aus weichem Wasser in härteres umsetzen lassen. Aber in umgekehrter Richtung, also vom harten ins weiche Wasser, reagieren sie oft mit einem totalen Zusammenbruch!

Solche Risiken lassen sich leicht ausschalten, wenn man vor jedem Umsetzen die Leitfähigkeit der jeweiligen Wässer mißt. Stellt man große Abweichungen fest, so sollten empfindliche Pflanzen oder Fische stufenweise in Mischwässern auf die neue Leitfähigkeit umgewöhnt werden. In jeder Zwischenstufe müssen mehrere Tage Erholungspause eingelegt werden.

Korrekturfaktoren für Wässer mit abweichender Temperatur					
Leitfähigkeit (25 °C) = k x Meßwert					
°C	k	°C	k	°C	k
16	1,23	21	1,09	26	0,98
17	1,20	22	1,07	27	0,96
18	1,17	23	1,04	28	0,94
19	1,14	24	1,02	29	0,92
20	1,12	25	1,00	30	0,90

Beispiel: Es wurden 250 µS/cm bei 20 °C gemessen.
Dann lautet das Ergebnis 1,12 x 250 = 280 µS/cm.

Weil die Salze der Härtebildner in den meisten Fällen etwa 75–80% des Gesamtsalzgehalts ausmachen, könnte man beim Umsetzen von Pflanzen oder Fischen die Wässer auch nach ihrer Gesamthärte beurteilen. Das birgt aber eine Fehlerquelle in sich, denn die Gesamthärte erfaßt ja nur bestimmte Salze, und die beiden Wässer könnten verschiedenartige Salze enthalten. Die Messung der Leitfähigkeit aber erfaßt alle Salze, und sie geht wesentlich schneller!

Bei der Leitfähigkeitsmessung wird an zwei ins Wasser getauchten Elektroden eine Wechselspannung gelegt und der Stromfluß im Wasser gemessen. Das Meßergebnis wird angegeben in »Mikro-Siemens pro Zentimeter« (µS/cm). Das »cm« erscheint unmotiviert und überflüssig, aber es gehört tatsächlich zur Maßeinheit und darf nicht fortgelassen werden (genauso wie bei der Maßeinheit km/h das »h« für Stunde nicht fortgelassen werden darf).

Die Leitfähigkeit des Wassers ist stark abhängig von der Temperatur, diese muß deshalb unbedingt berücksichtigt und nötigenfalls mit angegeben werden. In der Aquaristik ist es üblich, bei 25 °C zu messen. Falls das Wasser eine abweichende Temperatur hat, muß mit der Tabelle auf 25 °C umgerechnet werden.

Komfortable Leitfähigkeitsmesser, wie z. B. auf der Abbildung auf Seite 35, haben in der Tauchelektrode einen Temperaturfühler eingebaut, der das Meßergebnis gleich korrigiert und somit Rechenarbeit erspart.

Das Wichtigste über die

Leitfähigkeit:

● Die Leitfähigkeit ist ein Maß für den Gesamtsalzgehalt.
● Der Gesamtsalzgehalt muß beim Umsetzen von Pflanzen und Fischen berücksichtigt werden.
● Die Leitfähigkeit ändert sich stark mit der Wassertemperatur. Das Meßergebnis muß ggf. entsprechend der Temperatur korrigiert werden.

Register

71

Register